iCourse·教材

薪火传承话前贤

——中国传统哲学通论

XINHUOCHUANCHENG HUA QIANXIAN

——ZHONGGUO CHUANTONG ZHEXUE TONGLUN

宋志明 著

高等教育出版社·北京

内容提要

中国传统哲学是先哲创立的关于世界观的学问，是中华民族爱智慧的独到方式，是中华民族特有的精神现象学。它以自强不息、实事求是、辩证思维、以人为本、内在超越、有容乃大为精神诉求。通过宇宙论研讨，初步展现自强不息精神；通过本体论研讨，以自强不息精神贯通世界观和人生观，使之成为优良传统，找到内在超越精神安顿方式；通过辩证法研讨，彰显辩证思维精神；通过知行观研讨，弘扬实事求是精神，形成重行的优良传统；通过价值观研讨，弘扬以人为本精神和内在超越精神，为中华民族确立真、善、美、圣、群的价值取向。

中国传统哲学经历原创期、展开期、高峰期三个发展阶段。从公元前5世纪到秦末为百家争鸣的原创期，涌现出先秦道家、先秦儒家、先秦墨家三大思潮。从汉初到唐末为三教并立的展开期，涌现出儒道合流的魏晋玄学和中国化佛学两大思潮。从宋初到1840年鸦片战争为理学行世的高峰期，涌现出三教合流的宋明理学思潮。本书以论为主，涵盖个案，贯彻史论结合、论从史出原则，故称“通论”。

本书在中国大学视频公开课基础上整理而成。全书以通俗易懂、言简意赅、启迪心智、发人深省为编写原则，适合高校开设文化素质课程使用，也可供社会上的中国哲学爱好者阅读学习。

图书在版编目（CIP）数据

薪火传承话前贤:中国传统哲学通论 / 宋志明著
.--北京：高等教育出版社，2015.9
iCourse · 教材
ISBN 978-7-04-043282-4

Ⅰ.①薪… Ⅱ.①宋… Ⅲ.①哲学-中国-高等学校-教材 Ⅳ.①B2

中国版本图书馆CIP数据核字(2015)第175058号

策划编辑 李喆　责任编辑 李喆　封面设计 李卫青　版式设计 童丹
责任校对 张小镝　责任印制 尤静

出版发行	高等教育出版社	咨询电话	400-810-0598
社　址	北京市西城区德外大街4号	网　址	http://www.hep.edu.cn
邮政编码	100120		http://www.hep.com.cn
印　刷	北京四季青印刷厂	网上订购	http://www.landraco.com
开　本	787mm×960mm 1/16		http://www.landraco.com.cn
印　张	14.5	版　次	2015年9月第1版
字　数	180千字	印　次	2015年9月第1次印刷
购书热线	010-58581118	定　价	32.50元

本书如有缺页、倒页、脱页等质量问题，请到所购图书销售部门联系调换

物 料 号　43282-00

目 录

下 编

弁　言

一、哲学释义

对于哲学这个学科，谁也没有办法给出准确定义。什么是哲学？这恐怕是一个人见人殊、百人百义的话题，至今没有形成一个大家都接受的定义。关于哲学，基本能够达成共识的看法，应当有这样两点。一是“哲学是关于世界观的学问”。一般哲学教科书都会有这种表述，但需要做一些解释。**我们不能把“世界观”误解为“观世界”**。“世界观”中的那个“观”字，恐怕不能误解为“观察”意义的“观”，因为“世界”作为总体，不能够作为人们观察的对象，人无法与世界相外在。人们可以观察世界的局部，但不能观察世界的总体。任何人都不能站到世界之外，因为人也包括在世界之中。“人观察世界总体”的说法，同“理发师给全村人理发”一样，都是逻辑学上所说的悖论。无论是谁，都无法在世界之外，无法找到观察世界的立足点。所以，世界观的“观”，不可能是观察意义上的“观”。那么，该如何理解世界观中的“观”字呢？恐怕只能理解为“观念”意义上的“观”。无论何种哲学，无非是哲学家试图找到一种哲学观念，用这种观念来解释世界、理解世界。从“哲学是关于世界观的学问”的看法中，我们可以引申出这样两个观点：第一，**“观者”不统一，是个复数**。不是一个人在“观”，而是大家都在“观”。第二，**“观法”不统一，你有你的观法，我有我的观法**。任何一种观法，都将随着时代的变化而变化。不同时代的人，有不同的世界观，体现不同的时代精神。这两个观点，归结为一个结论：**哲学是复数，不**

是单数。

另外一种关于哲学的看法，大家基本上都认同，那就是哲学的原初意义：哲学是爱智慧（philosophy）。这是一种模糊的看法，不是给哲学下定义，并没有回答“哲学是什么”的问题。“爱智慧”不是一个名词，而是一个短语。这个短语的主词，指的是作为哲学家的人，但被隐去了；谓词是“爱”字；宾词是“智慧”两个字。在“哲学是爱智慧”的看法中，隐含着一个潜台词，也意味着哲学是复数，意味哲学是“多”，而不是“一”。所谓“爱智慧”，表明爱者还没有掌握智慧。所以，任何哲学家都不要过分地自傲，不要把自己看成是智慧的拥有者，你不过是一个智慧的追求者而已！“爱智慧”无尽头，哲学是一个讲不完、讲不尽的学问。历代哲学家都在那里追求智慧，但谁也没能占有智慧。诚如海德格尔所说：“哲学在途中。”这个话是对的。**从“哲学是爱智慧”的看法，也引申出这样一个结论：哲学是复数，而不是单数。**为什么这样说呢？因为爱者是多，你也可以爱，我也可以爱；爱的方式也是多，有多种多样的爱法。西方人弹吉他，那是一种向恋人求爱的方式；刘三姐唱山歌，那也是一种向恋人求爱的方式，并且爱得死去活来：“哪个九十七岁死，奈何桥上等三年。”如果认同“哲学是爱智慧”的看法，就得承认：哲学决不是单数，而是复数。

事实上哲学就是复数。**世界上没有“只是哲学的哲学”，人们一提到“哲学”，总得在前面加上点前缀。**比如，中国哲学、西方哲学、日本哲学、法国哲学、马克思主义哲学……事实上，没有“只是哲学的哲学”，人们所说的哲学，其实都是指某种哲学，这正是哲学的特性之所在。哲学和科学之间的区别，恐怕就在这里：有“只是科学的科学”，而没有“只是哲学的哲学”。物理学作为一门关于物理运动的学问，全世界只有一门就够了，绝不会有中国物理学、法国物理学的区别。至于哲学，恐怕不能如是观，因为世界上根本就没有“只是哲学的哲学”。中国哲学的讲法，跟西方哲学的讲法有差异，并不相同。哲学是复数，不是单数。为什么强调哲学是复数呢？为什么要树立一种复数的哲学观呢？因为只有在哲学是复数的前提下，才能够讲中国哲学；如果哲学是单数的话，何以谈得上中国哲学？那就没法讲了。**正因为哲学是复数，讲中国哲学才有充分的理由。**

二、中国哲学释义

以复数哲学观为前提，便进入第二个层次：何谓中国哲学？有些人之所以不承认“中国哲学的合法性”，根本原因在于被单数哲学观遮蔽了视野。他们煞费苦心地追问“中国哲学的合法性”，这是一个十足的糊涂观念。“中国哲学的合法性”的提法站不住脚，乃是把两个了不相干的词，硬拼凑在一起，于学理不通。哲学原本鼓励哲学家大胆创新，根本不存在合法不合法的问题。对于某种哲学，你可以批评它肤浅、错误乃至荒谬，但你不能指责它不具有合法性。搞哲学的信念是“吾爱吾师，吾犹爱真理”“弟子不必不如师”“学术者乃天下之公器”，任何一个哲学家都不想用什么“法”把自己框起来，怎么能把某种哲学说成是合法的，把某种哲学说成是不合法的呢？迄今为止，人类还没有谁可以为哲学立法，遑言“哲学合法性”？遑言“中国哲学的合法性”？“合法性”是近年来在西方流行起来的学术话语，通常与政治、权力、法律等等关联在一起，未见谁把它同哲学关联在一起，因为这个词同哲学根本没有关联在一起的可能。道理很简单，我们可以讨论鸟的飞翔性，讨论昆虫的飞翔性，但不能讨论狗的飞翔性，因为“狗”与“飞翔性”之间没有关联在一起的可能。所以，用“合法性”评判中国哲学，实在拟于不伦。撇开单数哲学观这副有色眼镜，我们会发现：中国哲学就是中国人发明的一套关于世界观的学问，是中国人爱智慧的一种独到的方式，是中华民族特有的一门精神现象学。

中国哲学有过去时态，也有进行时态。“中国传统哲学”虽然属于过去时态，但仍范导着进行时态。本书所说的中国传统哲学，是对中国古代哲学的称谓。这是一段完整的中国哲学断代史，大约两千四百多年。其上限，发端于公元前 5 世纪的春秋末年，也就是老子和孔子生活的时代；其下限，终止于 1840 年鸦片战争。**在 1840 年鸦片战争之前，中国传统哲学基本上保持着独立发展的态势，尚未受到外来哲学全面而根本的影响。**东汉时期印度佛教传入中国，固然发生较大的影响，但并未从根本上改变中国传统哲学的理论形态。佛教渐渐融入中国固有哲学系统，实现了中国化，成为中国传统哲学的组成部分。具有悠久历史的中国哲学，并没有因佛教的传入而佛教化，哲学思维方式没有因佛教的传入而发生根本变化。16 世纪利马窦等西方传教士来到中国，曾对西方学术思想有所介绍，但影响力十分有限，不能改变中国传统哲学独立发展的态势。

三、 专题与思潮

本书用“薪”比喻先哲留下的文本，留下的思想材料；用“火”比喻中国传统哲学的思想内涵。诚然，“火”不能离开“薪”单独存在，但“火”毕竟不能等同于“薪”。先哲留下的“薪”，已经成为历史；而“火”仍在传递。可能的直接传“火”者，不是先哲，而是我们自己。“智山慧海传真火，愿随前薪做后薪。”这是冯友兰先生的宏愿，也应该是每个中国人的宏愿。我们怎样才能传承中国传统哲学之火？必须正确解读中国传统哲学史，抓住其精神实质，并且在现代语境中做出新的阐发。

对于中国传统哲学，有两种读法。一种读法是纵的读法，侧重于“薪”，侧重于史，一个朝代一个朝代、一个人物一个人物地进行个案研究，写成系统的中国哲学通史。冯友兰著《中国哲学史新编》，冯契著《中国古代哲学的逻辑发展》，皆是如此。另一种读法是横的读法，侧重于“火”，侧重于论，从总体视角捕捉中国传统哲学的思想内涵。张岱年著《中国哲学大纲》，首创这种读法。采用横的读法，把中国传统哲学作为一个整体来把握，不必把目光锁定在历史过程上面，也不锁定在个案上面。本书采取的读法，属于后一种，故而叫做“中国传统哲学通论”。所谓通论，就是全盘而论，概括论述中国传统哲学的思想内涵，帮助读者对其有大概的了解。

本书分为上下两编。上编讲关于中国传统哲学主干的看法，可以说是大通论。本书论述中国哲学精神、宇宙论、本体论、辩证法、知行观、价值观等六个专题，从各个侧面展示中国传统哲学的风貌。下编讲关于中国传统哲学枝杈的看法，可以说是小通论。本书把中国传统哲学的主要思潮，概括为先秦道家哲学、先秦儒家哲学、先秦墨家哲学、魏晋玄学、中国化佛学、宋明理学等六大思潮。大小通论相互配合，全方位展示中国传统哲学的博大精深。

上　　编

上编讲的是关于中国传统哲学的大通论。首先从中国哲学精神讲起，进而引申出五个分题，即宇宙论专题、本体论专题、辩证法专题、知行观专题、价值观专题。

第一个话题中国哲学精神，可以说是宏观论述。本书把中国哲学精神概括为六条。第一条自强不息，表示基本的宇宙观和人生观态度；第二条实事求是，表示基本的知识论态度；第三条辩证思维，表示基本的方法论原则；第四条以人为本，表示哲学基本类型；第五条内在超越，表示价值取向；第六条有容乃大，表示包容性与开放性。

第二个话题宇宙论专题，初步展开自强不息的哲学精神。“大德曰生”是关于宇宙总体的描述，“气化流行”是关于宇宙成因的解释，“天行有常”是对宇宙中的规律性表示肯定。

第三个话题本体论专题，以自强不息精神贯通世界观和人生观，使之成为优良传统，找到内在超越的精神安顿方式。先秦时期完成以“原始合一”为特征的本体论初探，魏晋时期玄学家提出“体用有别”的抽象本体论，佛教般若学提出“体在彼岸”的超越本体论，华严宗与理学提出“体在此岸”的此在本体论，禅宗与心学提出“体在心中”的内在本体论。

第四个话题辩证法专题，彰显辩证思维精神。道家辩证法以“贵柔守雌”为特色，兵家辩证法以“崇尚刚阳”为特色，儒家辩证法以“中庸之道”为特色。宋代以后的哲学家深入研讨两一关系问题，论述辩证法的核心与实质。

第五个话题知行观专题，弘扬事实求是的精神，形成重行的优良传统。“行”有践履、行动、探索、活动等含义，“知”是对于“行”的目的和方法的了解。务实诉求发端于先秦时期，汉代以后形成重行传统。宋代以后哲学家深入研讨知行关系，从学理上阐释重行传统。

第六个话题价值观专题，弘扬以人为本精神和内在超越精神，为中华民族确立真、善、美、圣、群的价值取向。求真以求道为哲学基础，求善对道德价值表示关切，求美对审美价值表示关切，求成圣设计理想人格，求合群设计理想社会。

第一章
哲学精神专题

讲中国传统哲学通论，首先得从中国哲学精神讲起。这是一个总的话题，由此可以引申出五个分题，就是宇宙论专题、本体论专题、辩证法专题、知行观专题、价值观专题。在“中国哲学大通论”话题中，包含着六个话题。第一个话题中国哲学精神，可以说是宏观中的宏观。

“中国哲学精神”这六个字，包含着三个层次：第一个层次两个字，是“哲学”；第二个层次四个字，是“中国哲学”；第三个层次六个字，才是“中国哲学精神”。关于前两个层次，我们在弁言中已经交待，此处不赘；下面进入第三个层次，讲一下何谓“中国哲学精神”。首先需要指出的是，“精神”乃是属于活人的、活的话语。只有对活人，才谈得上精神；死人就谈不上精神了，因为他不说话了，他已成为既定的事实。所以，“精神”是对活人来说的话语。“中国哲学精神”不是关于古人的话语，而是关于我们活人的话语。中国哲学精神就是我们的精神世界与古人的精神世界相交融、相沟通，也就是利用古人留给我们的精神资源、精神遗产，来打造我们自己的精神世界的思维过程。“中国哲学精神”其实是一个领悟性的话题。这领悟因人而异，因时代而异，可以有多种说法。“中国哲学精神”是一个动态的话语，没有办法穷尽。“中国哲学史”是一个既定的事实，是先哲留下的资源，他们写的书不会再变了；但是“中国哲学精神”则是一个变量，需要我们根据时代的精神需求，对传统的思想资源重新开发梳理，以期为我所用。

关于中国哲学精神，没有所谓“标准答案”。讲“中国哲学精神”，无非是讲我们对中国哲学的一种理解。打个比方来说，中国哲学好像是佛的一声“唵”，那个佛已经“唵”完了，不再“唵”了，那么留下的话题，自然就是“弟子各有所悟”。弟子们对于佛的这一声“唵”，理解并不一样，各有所悟。严格说来，中国哲学精神不是一个讲论的话题，而是一个体验性的话题，每一个人通过阅读古人的书，都形成自己对中国哲学精神的概括和理解。别人的理解代替不了自己的理解。任何一种理解都免不了解释学的偏差，但可以相互交流，共同提高。

关于中国哲学精神，以前老一辈的哲学家已经触及这个话题，比如冯友兰把中国哲学精神概括为一句话：“极高明而道中庸”，牟宗三把中国哲学精神概括为“道德的形而上学”。他们的讲法，各有各的道理，但不是定论，本书不完全认同。本书用六句话概括中国哲学的精神。

一、 自强不息

《周易·乾卦·象传》说：“天行健，君子以自强不息。”这里所说的“天”，并不是今天所说的大气层，而是指世界总体，其中包括地，也包括人在内，同现代的哲学范畴“世界”或“宇宙”是一个意思。这句话最能体现中国哲学的积极进取意识，代表了先哲在世界观和人生观方面的基本态度。

宇宙总体有什么特征呢？中国哲人给出一个字，叫做“健”。“健”的同义词，就是“动”，就是“生”。《易传》说：“天地之大德曰生。”从“生”还可以引申出“变”和“化”。“健”“动”、“生”“变”“化”，恐怕都是同一个意思，而且都是摹状词，是中国哲人关于世界总体的认知方式。我们的先哲不把世界总体看成判断的对象，而是看成描述的对象。这正是中国哲学的特点之所在。

在如何看待世界总体的问题上，中国哲学家与西方哲学家的思路不一样。**西方哲学家提出的问题是：“世界是什么？”中国哲学家提出的问题，不是世界是什么，而是：“世界怎么样？”**对此，中国哲学家给出的答案就是健、动、生、变、化，阐述一种动态的世界总体观。中国哲人以动态的眼光看待世界，他们眼中的世界，是一个生生不息、迁流不止的运动过程，有如河水一样奔腾向前，不存在任何一成不变的东西。孔子站在河边，发出这样的感慨：“逝者如斯夫，不舍昼夜!”（《论语·子罕》）世界就是一个不断发展的过程，既没有开头，也没有结尾。既然世界没有开头，中国哲人便不会追问“世界是从哪里来”之类的问题。他们没有创世的观念，因为世界本来就有，根本谈不上从何而来的问题。既然世界没有结尾，中国哲人也不会有“世界末日”之类的烦恼，对未来总是抱着乐观的态度。

西方哲学家把世界定格为“是”，定格为存在，那么，他们必须回答“世界是什么”的问题。许多哲学家要为世界找到一个源头，找来找去，常常会找到上帝那儿去，认为世界是上帝的创造物。中国哲人不会有这种观念。有些西方哲学家看待世界的方式，如同用照相机把世界先照下来，定格在底片上，然后拿回去分析：世界何以成其为世界？他们的世界总体观，建立在分析的基础上。在他们看来，世界之所以成其为世界，首先，要有“质料因”。倘若没有质料，根本就谈不上存在。“质料因”就是原子。原子是哲学分析的产物。任何一个事物，都可以分解为局部，把局部分析到不可再分的、最小的质点，那就叫原子。原子构成万物，万物皆归结于原子。其次，还得有“形式因”。山有山的形式，水有水的形式。正因为有“形式因”，万物之间才会形成差别。再次，还得有“动力因”。最后，还得有“目的因”。亚里士多德认为，用上述分析的四种原因，就可以解释世界何以能够存在。中国哲人没有选择这种分析的理路，不解释世界是什么，只描述世界怎么样。在中国哲人看来，用不着上述四条分析的理由，而是有一条综合的理由，就足以解释世界何以成其为世界。中国哲学关于世界的解释，不是建立在原子论基础上，而是建立在元气论基础上。元气是什么呀？元气就是动力因和质料因的统一。元气跟原子不一样。原子可以画出来，画成原子模式图。画个圆圈，那就是原子。至于元气，则有形无状，无论多么高明的画家，都无法把它画出来。在如何解释世界的问题上，中西哲学家选择了不同的思路。西方哲学家从“有”出发，选择分析的路线，给出四点原因。这四点原因，各自独立。某些哲学家在追问动力因的时候，不得不求助于上帝，把上帝说成“第一推动力”，从而使哲学坠入宗教的论域。中国哲学家从“生”出发，把质料因和动力因都归结于元气，没有坠入宗教的论域。**古希腊哲学的理论思维成果是原子论，而中国哲学的理论思维成果是元气论。**“气”与原子的不同之处在于，它是柔性的，不是单纯的质料，惟其如此，它可以作为构成一切事物的终极依据；而古希腊哲学中，原子则是刚性的，有如硬梆梆的圆球。在古希腊哲学中，刚性的原子只是宇宙万物的质料因，必须另外寻找动力因；而在中国哲学中，气既是宇宙万物的质料因，又是宇宙万物的动力因。**这种动态的、有机的宇宙观，乃是中国哲学的独到之处。**

在西方哲学中，世界观和人生观通常是分开来讲的。许多哲学家讲完世界观问题，获得知识性的满足，不再引申到人生观问题，或者另外单讲人生观问题。中国哲学不是这样处理。**在中国哲学中，世界观问题和人生观问题紧紧地结合在一起讲，强调天人合一。**在《周易·乾卦·象传》中，第一句话“天行健”，讲的是世界观问题，表述的是对世界总体的理解；第二句话“君子以自强不息”，讲的是人生观问题，一下子就从世界观问题联系到人生观问题，告诉你应当怎样做人。应当做什么样的人？就是要做自强不息的君子！中国哲学家立足于动态的宇宙观，以“生”作为人类社会和生活实践的最根本原则，他们鼓励人们积极进取，奋发向上，高扬乐观主义精神。中国哲学教导我们，尽管人生的道路并不总是平平坦坦、一帆风顺，难免会遇到艰难险阻，但前途毕竟是光明的。按照《易传》的说法，总会有“否极泰来”的那一天。“山重水复疑无路，柳暗花明又一村。”《易传》在解释六十四卦的卦序时指出，《易经》之所以把“未济”卦放在最后，就是表明发展、生化的无限性，帮助人们燃起心中的希望之灯。这种自强不息、尚健尚动、奋发进取的意识，无疑是中国哲学的精华。它代表着我们的民族精神，对于中华民族的形成、繁衍、发展、腾飞起着积极的指导作用；它帮助中华民族度过一道道难关，坚忍不拔地向着光明的未来迈进，对发展前景充满信心。自强不息强调人的责任感和使命感，对于每个人的成长也有积极的指导意义。人们可以从中获取精神鼓舞、精神力量，尤其在身处逆境的时候，仍然保持自信心，坚定自己的理想信念。自强不息是中国哲学最基本的精神，是中国哲学的第一原理，是先哲留给我们的十分宝贵的文化遗产。

二、 实事求是

如果说自强不息代表先哲在世界观和人生观方面的基本态度，那么，实事求是则代表了他们在知行观方面的基本态度。“实事求是”关涉知识论话题，也关涉实践论话题。哲学要对世界总体做出解释，也要对知识的来源和效用形成做出解释。“实事求是”是“自强不息”的延伸，是由“自强不息”自然而然得出的结论。“实事求是”与“自强不息”的进取精神相一致，表明我们的先哲特别关注现实问题，遂形成中国传统哲学注重人生实践这样特有的品格。

“实事求是”的核心词，在于一个“是”字。“是”含有智慧、知识、原则、办法、道理、真理、正确、恰当等意思，与“非”相对。“求是”二字最接近古希腊哲学家所说的“爱智慧”，并且表示出中国哲学家求真务实的人生态度。中国哲学认为，做人“只是为了成就一个是”。“实事求是”的特色在于“实事”这两个字。“实事”就是实践，所以，“实事求是”也就是注重实践、从实践中获取真知的意思。强调“求是”以“实事”为前提、为目的，这是中国哲学独到的见解，在西方哲学中没有这种提法。按照西方哲学的说法，“求知识”就够了，何必牵扯到“实事”？人为什么要“求知识”“求是”呢？西方人的回答是“哲学起源于好奇”，不必抱有任何实用目的。在西方，有“为学术而学术”“为艺术而艺术”“为知识而知识”的传统。中国哲学与西方哲学不同。中国哲学家并不从纯粹的理论兴趣出发探求知识，总是把“求是”同“实事”紧密地联系在一起，主张为“实事”而求知识，求那种可以解决实际问题的实用的知识。

“实事求是”原本是一个形容词，它的出处是《汉书·河间献王传》，称赞河间献王“修学好古，实事求是”。到后来“实事求是”演变成哲学术语，恰当地概括出中国哲学注重实践的品格。西方哲学讲究“为知识而知识”，形成了重知的传统；中国哲学关注实事大事，形成了重行的传统。在中国哲学中，没有西方哲学中追问“知识从哪里来”的认识论或知识论，只有关于知行观的研讨。

基于重知的传统，西方哲学家特别重视建立理论体系，重视概念的界定和逻辑推理；基于重行的传统，中国哲学家不怎么看重理论体系的建立，而特别看重理论的实践效果，看重做学问和做人的一致性。 翻开中国哲学史，人们不难发现，中国古代哲学家几乎没有像西方哲学家那样，写出许许多多大部头的哲学专著。有些哲学家留下的著作比较多，被誉为“著作等身”，不过，他的书都是警言、隽语、短篇的集合，并不是系统化的专著。我们能读到的中国哲学家留下的哲学论著，超过万字的很少，大都是几百字，甚至几十个字。他们常常通过对话或书信往来，讨论哲学问题。例如，孔子本人并没有写出什么宏篇巨著，只有弟子记载他的言行形成的一部不到两万字的《论语》；然而，他的言论是后世儒家心目中的经典，他的行为举止是后世儒家效法的楷模。孔子也因此获得第一“世界文化名人”的盛誉。我们不能因为中国哲学不重视建立形式上的体系，而否认其实质上的体系。诚如冯友兰先生所说：“中国古代哲学家们比较少作正式的哲学著作。从古代流传下来的哲学史资料，大多是为别的目的而写的东西，或者是别人所记录的他们的言语，可以说是东鳞西爪。因此就使人有一种印象，认为中国古代哲学家的思想没有系统。如果是就形式上的系统而言，这种情况是有的，也是相当普遍的。但是形式上的系统不等于实质上的系统。”① 如果不承认古代哲学家有实质上的系统，等于不承认他们是哲学家，等于不承认中国有哲学。正因为中国哲学的这种特殊性，给我们学习和研究中国哲学史提出了更高的要求。“中国哲学史工作者的一个任务，就是从过去的哲学家们的没有形式上的系统的资料中，找出其实质的系统，找出他的思想体系，用所能看见的一鳞半爪，恢复一条龙出来。在写哲学史中恢复的这条龙，必须尽可能地接近于本来的哲学史中的那条龙的本来面目，不可多也不可少。”② 中国哲学家写的书，比西方哲学家的哲学著作还要难读。先哲没有留下形式上的系统，只留下的一些思想碎片。后人必须根据这些思想的碎片，来琢磨他的实质系统。读中国哲学家的书，需要加上想象力和理解力。

---

① 冯友兰：《中国哲学史新编》第 1 册，人民出版社 1982 年版，第 37 页。

② 冯友兰：《中国哲学史新编》第 1 册，人民出版社 1982 年版，第 38 页。

西方哲学家常常把知识论和实践论两个话题分开来谈。例如，康德先写一本《纯粹理性批判》，谈知识论的话题；再写一本《实践理性批判》，谈实践论的话题。中国哲学家常常把知和行两个话题合在一起讲。在“实事求是”这一命题中，“实事”关涉行，而“是”关涉知，两个话题结合在一起讲，没有对主体与客体做截然的划分，没有对知识论与实践论做截然的划分。**中国哲学家没有出于纯粹的理论兴趣去研究知识何以可能，主张为实事而求知，求那种能解决实际问题的知识。**在知行观方面，“实事求是”是中国哲学的独到精神。

三、辩证思维

与注重发展、注重有机联系的宇宙观相联系，中国传统哲学中的辩证思维比较发达。英国著名科学史家李约瑟认为，希腊人和印度人很早就仔细地考虑形式逻辑，发展机械原子论；而中国则一直倾向于发展辩证逻辑，发展了有机的宇宙的哲学。著名的物理学家爱因斯坦、普利高津也有类似的看法。中国传统哲学中的辩证法思想极其丰富，关于变易发展、对立统一、相反相成、物极必反、整体联系、生化日新等等问题，历代哲学家都有相当精彩的论述。可以毫不夸张地说，中国传统哲学中的辩证法思想已达到欧洲中世纪不可比拟的程度，凝结着中华民族的聪明睿智，是先哲留给我们的一笔珍贵的思想遗产。注重辩证逻辑代表了中国哲学在思想方法论方面的基本态度。

在思想方法方面，**中国哲学与西方哲学相比有一个明显的区别，那就是中国哲学特别注重辩证思维，辩证法思想很丰富。**中国哲学家把世界理解成为一个动态的画面，怎样把握这个动态的画面呢？我们的思维工具，就是辩证思维方式。在中国哲学中，比较发达的是辩证的思维方式，而不是那些形式逻辑。辩证逻辑的另外一种称谓，叫做动的逻辑；形式逻辑的另外一种称谓，叫做静的逻辑。形式逻辑是一种表述的逻辑，辩证逻辑是一种认知的逻辑。怎样认知动态的世界？不能够借助于形式逻辑。形式逻辑讲究一就是一，二就是二；要么是一，要么是二。假如你说“既是一，又是二”，你就陷入了矛盾；而矛盾意味着思维的不可能。辩证逻辑跟形式逻辑的区别在于，强调“一”跟“非一”对立统一的关系：“一”并非只是“一”，而是跟“非一”相对而言的。辩证逻辑遵循的思维原则，不是建立在一点论之上，而是建立在两点论至上。正和反构成两个点，从两个点来看，才能把握动态的世界。在中国哲学，这两个点，一个是“阴”，另一个就是“阳”。先哲依据阴阳的辩证关系来解释世界、解释人生。

关于阴阳范畴的来历，传说为伏羲所画，但不可确考。学者们的说法大致有三种。一种是两性说，认为阳是对男性特征的抽象，阴是对女性特征的抽象。另一种是蓍草说，认为古人用蓍草占卦，中间有结的蓍草为阴，中间没有结的蓍草为阳。再一种是山体说，认为山朝向太阳的一面为阳，背着太阳的一面为阴。本书觉得第三种说法比较贴切，同《易传》中“远取诸物，近取诸身”的意思比较接近。无论哪一种说法，都肯定了这样一点：我们的祖先很早就注意从两点论的角度，而不是从一点论的角度看待世界。以阴阳范畴为核心，在先秦时期形成三种辩证法学说类型。第一种类型是道家的“贵柔”辩证法，以老子为代表；第二种类型是兵家的“尚刚”辩证法，以孙子为代表；第三种类型是儒家的“执中”辩证法，以《易传》为代表。

关于辩证思维，中国哲学在世界上比较发达，起步也比较早；而关于形式逻辑，则是短板，不如西方发达，也不如印度发达。在中国逻辑史上，有关于概念论的研究，有关于推论的研究，但没有明确提出三段论推理形式。在这一点上还不如印度。印度因明学有类似三段论的推理形式，叫做宗、因、喻。在思想方法论方面，中国哲学的精神特质，在于重视辩证逻辑，而不是形式逻辑。

四、以人为本

由于中国哲学把世界观问题与人生观问题合在一起讲，强调天人合一，讲究实事求是，注重人生实践，从而铸就了“以人为本”的哲学精神。这种以人为本的精神，使中国哲学表现出注重人生哲学的理论特色。上面讲的三条精神，皆属于中国哲学某个侧面的概括，这一条则说明中国哲学属于哪种类型。“以人为本”中的“本”，就是主题的意思。中国哲学以人为主题，属于人生哲学类型。

哲学大体上可以划分为三种类型。**一种类型是自然哲学，以自然为本，以自然为主题。古希腊的哲学属于这种类型。**古希腊第一个哲学家泰勒斯认为，世界来源于水。在古希腊人留下的著作中，最常用的一个书名，就是《论自然》。德谟克利特、卢克莱修都写过《论自然》。对于自然这个话题，古希腊人特别关注。古希腊哲学是典型的自然哲学。另外一种类型是宗教哲学，以彼岸为本，以彼岸为主题。基督教哲学和佛教哲学，皆属于这种类型。宗教哲学不关注自然，也不关注人生，而是关注人生的对面，也就是人死之后的另一个世界。宗教哲学把目光锁定在超验的世界、神的世界，向往彼岸而厌恶此岸。相比较而言，我们中国哲学的特色，就显现出来了。

第三种类型是人生哲学，即中国哲学。中国哲学不是把眼睛紧紧盯在自然界，也不是把目光放到彼岸，而是贯彻人生为主题的原则，始终关注着如何做人的话题。**中国哲学不把天作为一个单独的话题来谈，而是把天跟人联系在一起来谈，为了谈人而谈天。中国哲学家谈天的目的，跟古希腊哲学家不同，不是为了认识自然界，而**

是寻找如何做人的准则。在中国哲学中，天的话题与人的话题联系在一起，构成中国哲学的一个基本的问题。用司马迁的话来说，叫做"究天人之际"。《汉书·司马迁传》说："亦欲究天人之际，通古今之变，成一家之言。"在中国哲人的眼里，世界并不只是认知的对象，而是人生实践不可缺少的要素。他们树立的哲学世界观，不是认识论意义上的世界观，而是人生论或实践论意义上的世界观。

"究天人之际"的意思是说，哲学家不能仅仅关注自然，而要关注人与自然的关系，其落脚点则是人。《周易》上说："天行健，君子以自强不息。"荀子写《天论》，与古希腊人《论自然》不同，讲的主题不是"天"，而是"天人关系论"。"天行有常，不为尧存，不为桀亡。"尧和桀都牵扯到人的话题。荀子在《天论》中没有展开论述"常道"本身，而是把话题转向人应当如何对待天的态度上，主张"制天命而用之"。"通古今之变"，就是研究做人的普遍性原则。我们研究古人干什么呢？落脚点是今人该如何做人，不是为了读历史而读历史。"究天人之际"和"通古今之变"两条都研究到位了，"成一家之言"，那才堪称哲学家。中国哲学并非忽视自然，只是不单纯地研究自然。至于关乎彼岸的话题，中国哲学没有兴趣。儒家一向把人道作为理论研究的中心，不太关心神学方面的问题。学生子路向孔子请教鬼神问题，孔子回答说："未能事人，焉能事鬼？"子路又向孔子请教关于死的问题，孔子的答复是："未知生，焉知死？"（《论语·先进》）对于鬼神以及死后的情形，孔子讳莫如深，"敬鬼神而远之"，不愿意谈论怪、力、乱、神之类的事情。他关心的是此岸，而不是彼岸，即应当怎样做人的问题。在他的眼里，人才是主题。至于关于鬼的话题。可以搁置起来，存而不论。如何在有生之年，实现人的自我完善，这才是最重要的话题。

一般地说，西方哲学在西方人的精神生活中并不扮演指导人生、安顿价值的角色，主要是为人们提供原理原则、认识路径或思想方法，帮助人们提高理论思维能力。对于西方人来说，指导人生、价值安顿是神学的事，而不是哲学的事。同西方人相比，哲学在中国人精神生活中的位置，显然大不一样。中国哲学的主要功能就是指导人生、安顿价值，从来就没有成为神学的婢女。中国哲学已经融入大多数中国人的精神生活之中，它不仅仅是说法，而且是做法，具有很强的实践性。在大多数中国人的精神生活中，哲学家才是精神导师，哲学道理才是安身立命之地。

五、内在超越

与中国哲学"以人为本"的精神相一致，中国哲学家常常把现实中人生道路的探索同理想的价值目标的追求合在一起讲。他们讲哲学的目的，一方面在于认识世界、指导人生；另一方面在于确定价值取向，寻找安身立命之地，以便成就理想人格。但是，他们并不企慕超验的彼岸世界。从前一方面看，中国哲学表现出现实主义品格，倡导经世致用的入世精神，看重实用理性，这就是人们常说的"内在性"；从后一方面看，中国哲学又表现出理想主义的品格，要求超凡入圣，看重价值理性，这就是人们常说的"超越性"。在中国哲学中，内在性与超越性是统一的。"内在超越"落实了"以人为本"的原则，指明了基本的价值导向，也是中国哲学的精神特质之一。"内在超越"表达了先哲在价值观方面的基本态度。

"超越"是一个关于价值观的话题，就是告诉人应该往哪个方向发展自己。所谓"超越"，意思无非是说，否定现有状况，提升到高于现状的层次。追求超越是人性的表现，只有人才有超越追求，老虎不会有超越追求。人与动物的区别，可能就是在这里。老虎吃了这顿，不管下顿。它抓住一个动物，吃饱了后便尽弃所余，扬长而去，没有什么长远打算。只有人才“吃一，看二，想三四”，总想超越今天的我，成就明天的我，总想归宿在哪里的问题。

人追求超越，无非是要为自己设定一个超出现实的价值目标，找到一条达到目标的路径。这种超越路径，有两条可以选择。一条路径是外在超越，也就是宗教式超越方式；另一条就是内在超越，也就是哲学式的超越方式。我们先把外在超越说清楚，内在超越就不言自明了。所谓外在超越，建立在一个基本的前提上，那就是认为人自身没有价值，人自身是被超越的对象。**按照基督教的原罪说，人是什么呢？人是一种罪过！**人的祖先亚当和夏娃本来生活在天国里，他们一不小心偷了智慧果，上帝罚他们去做人。显然，人比神低了一个档次，人是不值得做的，做人的目标，就是重返天国，再次成为神。人如何重返天国呢？仅凭自己的努力还不够，必须求助于上帝。人的一辈子，混几十年，最后得求上帝做一个总鉴定：你表现好了，发给你毕业证书，允许你返回天国，成为上帝的选民；你表现不好，继续罚你做人，甚至罚你做畜生。按照外在超越路径，人没有办法自我超越，必须求助于“万能的主”。

佛教选择的也是外在超越的路径。按照佛教说法，人自身也没什么价值。做人有什么意思？人生是苦啊！有的老和尚说，你看，小孩出生都是哭着来的，没有哪个孩子是唱着歌出生的。为什么这样？人生是苦啊！生、老、病、死都是苦。“苦海无边，回头是岸。”这个“苦”字，就是对人生自身价值的否定。人该怎么超越自己？怎样脱离苦海？“回头是岸”啊！这个“岸”，指的就是彼岸世界，就是佛国。不再做人，修成正果，那就实现了超越。对于这种超越，人没有办法，必须依仗于佛祖的点化。

中国哲学找到了一条独到的超越方式，那就是内在超越。“内

在”两个字，有“自我”的意思。所谓内在超越，就是自我超越，前提建立在对人自身价值的肯定上，肯定人有一种自我超越的能力。这种超越不是对人生价值的全盘否定，只是否定凡人的价值，但高扬圣人的价值。凡人需要超越，圣人并不需要超越。凡人超越的目标，不是神，而是圣人。凡人自我超越后，就成为圣人。这叫做“超凡入圣”。超凡入圣的理论前提，不是对人性的否定，而是对人性的肯定。用孟子的话说，叫做“人性善”。所谓“人性善”，意味着人有自我完善的可能性。用孔子的话说，就是“我欲仁斯仁至矣”。假如人没有内在自我完善的可能，何以谈得上“仁至”呢？内在超越全靠人自身的努力，不需要神的救赎。

内在超越不是对圣人的超越，只是对凡人的超越。凡人实现自我超越，仍旧是人，并不是神。宗教式的外在超越把人自身的价值否定掉了；而哲学式的内在超越，不羡慕神仙，不羡慕佛陀，也不羡慕天使，设定的终极目标就是圣人。说到底，圣人还是人。圣人无非是“出乎其类，拔乎其萃”的完人，是典范的人，是最像人的人。凡人成为圣人，不必期待来世，只要肯努力，在今生今世就可以实现。外在超越需要设定来世，设定彼岸；这些预设对于内在超越来说，皆不需要。中国哲学以圣人为终极价值目标，以圣人导向满足人们精神上的超越需求。

与内在超越的路向相联系，中国传统哲学中的无神论思想较为发达。在中国古代社会，虽然宗教神学在意识形态领域有很大的影响，但没有占据统治地位。除了个别的朝代以外，大多数皇帝都没有指定某一种宗教为国教。尽管中国思想史上也存在哲学与宗教神学融合在一起的情形，但哲学始终保持独立的品格，没有成为宗教神学的婢女。与西方中世纪哲学相比，这显然是中国哲学的一种特色。

六、有容乃大

由于中国哲学属于人生哲学的类型，而不属于宗教哲学的类型，因而没有宗教哲学常有的那种排他性。中国哲学具有很强的包容性，可以同任何优秀的外来思想资源融会贯通，善于吸收一切人类文明的成果，不断地丰富发展中国哲学的内涵。“有容乃大”就是对中国哲学这种特质的概括。

中国哲学作为人生哲学，对于宗教抱着宽容的态度，并不排斥，不干涉宗教信仰。只要有助于人格的完善，信仰什么宗教都没有关系。不要以为中国人保守，不要以为中国人排外，那都是偏见。外来的思想资源进入中国，只要有助于人格的提升，都会受到欢迎。佛教不是传到中国来的，而是中国人请进来的。为什么请佛教进来？因为中国的精神系统中，需要这样一种异质文化。把它请进来，对于中国哲学的发展有好处。总的来看，佛教在中国传播，没有遇到什么障碍。当然，也有冲突，有些朝代的皇帝推行灭佛政策。不过，造成冲突的原因，不是来自文化的考量，而是出于经济或政治的考量。基督教传入中国，也没有遇到多大的困难。利玛窦在中国传播基督教，还是很受拥护的，一些像徐光启那样的高官，都成为他的信徒。为什么基督教后来就传不下去了呢？这个责任，不在中国，而在罗马，都是梵蒂冈教廷惹的祸。梵蒂冈教廷开了个会，发出指令说：中国人受洗之后就不能再祭拜祖先了。这个指令惹怒了雍正皇帝。雍正的回应是：不是你们允不允许我们拜祖先的问题，而是我允不允许你们在我的国度存在的问题。雍正一声令下，把传教士赶出了中国。中国哲学有深邃的思考，也有“海纳百川，有容乃大”的胸怀。中国哲学以开放性、包容性为精神特质。

以上讲的自强不息、实事求是、辩证思维、以人为本、内在超越、有容乃大六点，应当说都是活的哲学精神，是我们的精神世界与古人的精神世界相沟通的接点，是中国哲学的生长点，有待于我们进一步发扬光大。

七、问答互动

问：宋老师，您好！我想提一个问题。您刚才谈到“以人为本”的时候，我就想到中国有一个古人，叫做屈原。他写了一篇很著名的《天问》，涉及到宇宙论、本体论方面的问题。但是，在我看到《中国哲学史》中，很少会把屈原当成一个哲学家来看待，请问这是为什么？谢谢！

答：你这个问题比较容易回答，因为屈原只有《天问》，没有“天答”。他只是提出了若干问题，但是对这些问题，他没有展开来说。在中国哲学史上，倒是有一位哲学家试图回答《天问》提的问题，他就是柳宗元，写了一篇文章叫做《天对》。他认为，天就是一个无限性的存在，也是主张一种动态的宇宙观。关于“天”的话题，中国哲学家没有完全把它忽视掉，只是不把它作为一个单独的理论问题脱离开人来考虑，这就有别于古希腊人“论自然”的传统。关于自然的话题，中国哲学只是涉及到了，但没有专门化。这个是我对你的回答。

问：宋老师，您好！刚才听您讲课，很受启发。我想问这样一个问题。您刚才讲到中国哲学史的写作，从冯友兰先生开始，到现在有很多人用不同的方法写了不同版本的《中国哲学史》，对于这些书，是否有一个比较客观的评价标准呢？哪一本比较准确地反映了中国哲学的一些基本的思想呢？谢谢！

答：应该说有一个客观的哲学史，但这个客观的哲学史其实我们没有办法再现。所以，任何版本的中国哲学史都是研究者所写的，而任何研究者写的书都避免不了“解释学的偏差”。我们学习中国哲学，不能指望有谁能够再现、重现那个原原本本的哲学史，而是把传统的哲学资源，作为我们的精神材料来用，打造自己的精神世界。这样学习和研究中国哲学史，就叫做“古为今用”。

第二章
宇宙论专题

自强不息的哲学精神，既体现在世界观方面，也体现在人生观方面。单就它在世界观方面的体现而言，便形成中国传统哲学中关于宇宙论的专题研讨。

一、宇宙论释义

自从人类从自然界分化出来，成为思维的主体以后，便把浩瀚无垠的宇宙作为哲学思考的话题。宇宙是如何形成的？日月星辰是怎样运行的？为什么会有寒暑四时的变迁？花草树木的荣枯代谢是怎么回事？飞禽走兽乃至人类怎样繁衍生息？这些问题引起人们极大的好奇和无限的兴趣。于是，如何认知宇宙便成为人类哲学思考的起点。古代哲学家关于宇宙的研究和认知，涉及宇宙的起源、结构以及变化规律等问题。西方哲学史家把哲学中关于这部分内容的研究，叫做宇宙论或宇宙生成论。“宇宙论”的提法，侧重于存在；“宇宙生成论”的提法，侧重于过程。相比较而言，西方哲学家对存在论比较感兴趣；中国哲学家对过程论比较感兴趣。日本学者把英文 Cosmology 翻译为“宇宙生成论”，是受到中国哲学的影响所致。

严格说起来，“宇宙论”所论之“宇宙”，只是纳入人类视野范围里的宇宙，并不是宇宙本身。这种宇宙，只是宇宙的局部，并非宇宙总体，至少没有把人类自己包括于其中。在古代哲学中，宇宙论被当作一个哲学话题，被古希腊哲学家看成“形而上学”的组成部分。那时哲学家还没有意识到，宇宙跟人是联系在一起的，无法分开。他们以为在人之外，仿佛有一个与人无关的外部宇宙。关于这个外部宇宙的研究，就叫做宇宙论。宇宙论以有限的宇宙为研究对象，并非以无限的宇宙为研究对象，因为人根本无法“看到”无限的宇宙。宇宙论其实是半个哲学问题，因为宇宙论所关注的话题，还不是“关于世界观的学问”，而是“关于世界的学问”。哲学成为独立学科以后，哲学家才意识到，哲学并不是“关于世界的学问”，而是“关于世界观的学问”。于是，现代哲学家不再讨论宇宙论的话题了。现代哲学家意识到：人根本不可能把世界总体作为外在对象来认识。哲学与科学区别开来以后，已经从宇宙论转变出一门科学学科，叫做宇宙学。这是一个科学的话题，不再是哲学的话题了。从现代哲学来看，宇宙论至多算半个哲学话题，不能算严格意义上的哲学话题。

在古代，哲学与科学还没有分开，宇宙论和宇宙学还没有分开，“关于世界观的学问”与“关于世界的学问”还没有分开。所以，我们讲中国传统哲学，还可以讲这个关于宇宙论的话题。中国古代哲学家常常论述与人相外在的宇宙，把人暂时撇开一旁。这种讨论问题的方式，叫做宇宙论思考；在中国传统哲学中，叫做天学。关于“宇宙”的明确界说，初见于《尸子》：“上下四方曰宇，往古今来曰宙。”“宇”是空间观念，“宙”是时间观念，空间与时间都具有间断性和不间断性，这两方面的统一就是运动、流行、生化或变易。《尸子》的作者大概是战国末的一位思想家，他明确地提出宇宙的观念，是对中国哲学的重要贡献。但这并不等于说中国哲学家从战国末才开始研究宇宙论。在《尸子》的作者之前，中国古代哲学家就有了类似宇宙的观念。例如，惠施曾提出“大一”的观念，他说：“至大无外，谓之大一。”（见《庄子·天下》）“大一”包罗万象，统摄一切，总括所有的事物，同“宇宙”是一个意思。《墨经》中也有类似宇宙的观念，就是所谓“久”和“宇”。《经上》说：“久，弥异时也。宇，弥异所也。”《经说》说：“久，合古今旦莫（同暮）。宇，蒙东西南北。”“久”是时间，与“宙”同义，“久”和“宇”合在一起就是宇宙。《墨经》强调宇宙是动态的过程，而不是静态的存在。《经下》说：“宇徙而有（同又[①]）处，宇宇南北（当为“宇南宇北”），在旦有（同又）在莫（同暮）。”庄子已分别对“宇”和“宙”作了清楚的解释，他在《庚桑楚》中说：“有实而无乎处者曰宇也，有长而无乎本剽者宙也。”“宇”的意思是指动态的而非凝固的实在，“宙”的意思是指没有开端可寻的绵延过程。在中国传统哲学术语中，相当于“宇宙”的观念，还有“乾坤”“天地”“寰宇”“天下”“天”“大全”“大有”“万物”“太虚”，等等。“世界”也是“宇宙”的同义语。“世”与“宙”同义，都是关于时间的表述；“界”与“宇”同义，都是关于空间的表述。不过，“世界”一词，不是中国传统哲学的固有语汇，而是从印度传来的。佛教传入中国以后，哲学家往往把“世界”与“宇宙”混在一起，作为同义词使用，不做细致的区分。

中国哲学家关于外部宇宙的哲学思考，涉及这样三组问题：第一组问题是，宇宙怎么样？如何从总体上描述宇宙？第二组问题是，宇宙为什么这个样？宇宙的成因是什么？第三组问题是，宇宙间有没有一个常道？万物运行是否有规律可循？

二、大德曰生

关于第一组问题，经典的答案在《易传》上。《系辞下传》写道：“天地之大德曰生。”“大德”是“基本规定性”的意思；“生”包含着“运动、生长、发育、变化”等多重意思；总的意思是：宇宙

---

① 括注内容均为编者加。

处在动态过程中，永远不会停止。如果说古希腊哲学家从“有”（存在）契入宇宙论领域的话，那么，可以说中国哲学家是从“生”（形成）契入宇宙论领域。准确地说，中国古代哲学家讲的不是宇宙结构论，而是宇宙生成论。在中国古代哲学家的眼里，宇宙绝不是静态的存在状态，而是动态的运行过程，“天地之大德曰生”是中国古代大多数哲学家的共识。正如张岱年在《中国哲学大纲》中指出的那样：“中国哲学有一个根本的一致的倾向，即承认变是宇宙中之一根本事实。变易是根本的，一切事物莫不在变易之中，而宇宙是一个变易不息的大流。”①

在中国哲学史上，最早论述宇宙状态的哲学家，当属老子。在老子之前，也有人触及宇宙论话题，但语焉不详。老子没有使用“宇宙”一词，代之以“万物”。宇宙万物怎样生成？他用一个“道”字来解释：“道”是宇宙万物的源头；有形的宇宙是“道”的具体表现。从字形看，“道”意味着“人走在路上”，有“过程”的意思。宇宙万物皆处在发生发展的过程中，“道”就是对这一过程的总括。“道”是老子哲学的核心范畴，故而后世学者把老子开创的学派，叫做道家。

老子不否认宇宙万物有个源头，不过它并不是某种东西，也不在“道”之外。他说：“有物混成，先天地生，寂兮寥兮，独立不改，周行而不殆，可以为天下母。吾不知其名，强字之曰道，强为之名曰大。大曰逝，逝曰远，远曰返。故道大、天大、地大、王亦大。域中四大，而王居其一焉。人法地，地法天，天法道，道法自然。”（《老子》第二十五章）他又说：“道冲，而用之或不盈。渊兮，似万物之宗。……湛兮，似或存。吾不知谁之子，象帝之先。”（《老子》第四章）“道”作为宇宙万物的始基，先天地而有，甚至可以说在上帝之

① 张岱年：《中国哲学大纲》，中国社会科学出版社1982年版，第94页。

先。宇宙万物发端乎道，复归乎道，这一运行过程，永远不会完结。道既是宇宙万的源头，又是最高法则。它不需要以它物为法则，仅以自身为法则，故说“道法自然”。“道”并不是一个确定的“点”，而是一条无限延展的“线”；虽可称之为“物”，但绝非寻常之物。它“恍兮惚兮”，“惚兮恍兮”，就是一团混沌！这个源头不是任何实物，“字之曰道”，仅仅是一种符号化的表述而已；它“似万物之宗”，不能真地把它当成造物主。他以这种解释方式，把“宇宙万物从哪里来”的问题取消了。从老子开始，中国哲学家从未像古希腊哲学家那样，热衷于追问“宇宙万物从哪里来”的问题。

老子的宇宙状态论，可以概括为三个观点：第一，他从总体的视角看待宇宙，把宇宙视为“域”、视为“大”；第二，他把宇宙理解为周而复始的运行过程，叫做“远”和“返”；第三，他认为宇宙存在着普遍的有机联系，这种普遍联系就是“道”。通过这三个观点，老子表述了一种动态的、有机的宇宙状态论。

孔子虽不像老子那样关切宇宙论话题，但也有这方面的论述。在孔子那里，宇宙论被视为天道学，与人道学相对而言。他的基本看法是：“天何言哉，四时兴焉，百物生焉，天何言哉!”（《论语·阳货》）天不说话，表明天和人有区别；因为只有人才说话。从“天不说话”这一点来看，天自身并没有神性可言，不能把天看成主宰者或造物主。天无非是一个自然而然的运行过程：“百物生焉”“四时兴焉”。“百物”是从空间的角度来说的，“四时”是从时间的角度来说的。一个是空间，一个是时间，加在一起就是宇宙。尽管孔子没有用“宇宙”这个词，其实谈论的就是宇宙论话题。他所说的“天”，其实指的就是宇宙；他关于“百物”和“四时”的说法，就隐含着他关于宇宙总体的看法。在孔子的眼中，四时是“行”的，百物是“生”的，也认同动态的、有机的宇宙论。他同老子一样，只描述

“宇宙万物怎么样”，不去追问“宇宙万物从哪里来”的问题。

汉代以后，哲学家基本上延续老子和孔子倡导的动态的、有机的宇宙论。即便在董仲舒那里，也不例外。他虽说过“天不变道亦不变”，但并不表明他认同“形而上学宇宙论”。这句话仅指出“天变”与“道变”的相关性，并不是说天一成不变。“天不变道亦不变”与“天变道亦变”并不矛盾。董仲舒不否认宇宙处在变化的过程中，只是把变化之道纳入天人感应的解释框架而已。他说：“人主立于生杀之位，与天共持变化之势，物莫不应天化。……人主以好恶喜怒变习俗，而天以暖清寒暑化草木。”（《春秋繁露·王道通三》）抛开他那天人感应的解释框架，不难发现，他对动态的、有机的宇宙论表示认同。

在佛教传入中国以前，中国哲学家认同的宇宙论，只有一种模式，那就是“宇宙只有一个”。佛教传入中国后，带来另一种模式，那就是“两个宇宙”的观念。佛教认为，有一个不生不灭的属于佛的宇宙，叫做彼岸；还有一个有生有灭的属于人的宇宙，叫做此岸。彼岸是真实的宇宙，此岸是虚幻的宇宙。这两种模式之间形成争论，最后还是“宇宙只有一个”的观念占了上风。清代哲学家戴震认为，变化是绝对的，把宇宙看成变化无穷的大流行。他说：“一阴一阳，盖言天地之化不已也，道也。一阴一阳，其生生乎？”（《原善》）在他看来，变化是宇宙间根本的道理，变是绝对的，不变是相对的；生生不息的流变过程，就是宇宙的本然状况。

总的来说，从先秦到清代，大多数哲学家都承认宇宙变动不已，犹如川流不息的河流。中国哲学家从未怀疑过事物变化的真实性，从未怀疑过动态宇宙的真实性和唯一性。他们没有把宇宙二重化，强调宇宙只有一个。在西方哲学史上，有把宇宙二重化的观点，认为本体界真而不实，现象界作为本体界的仿品，实而不完全真。在印度哲学史上，也有把宇宙二重化的观点，如佛教彼岸是真实的，而此岸是虚幻的。在中国哲学家眼里，宇宙只有一个，几乎无人认同这种二重化宇宙论。

在宇宙论方面，中国哲学家比较有分歧的看法，涉及这样两个理论问题。第一个问题是：动态的宇宙在时间上是否具有无限性？这方面的分歧，后来统一到无限说。老子应当说是有限论者。他说："天下有始，以为天下母。既得其母，以知其子。"（《老子》第五十二章）老子承认为天下有一个源头，包含着"宇宙有限"的意思。不过，他没有把源头考察确定的"点"，只认为是一种逻辑的预设而已。他只承认宇宙有开头，不承认宇宙有结尾。从没有结尾这点来看，老子认为宇宙未来维度是无限的。老子这种宇宙有开端的说法，在先秦时就被人否决了，这个人就是庄子。庄子采用思辨的方法，把老子"天下有始"的观念破除了。他说："有始也者，有未始有始也者，有未始有夫未始有始也者。有有也者，有无也者，有未始有无也者，有未始有夫未始有无也者。"（《庄子·齐物论》）他说了这样一大套，像绕口令似的，意思是说：不能设定宇宙有一个开端，因为在开端前面，还可以追溯开端，那个就没有尽头的追问！所以，无论从发端的角度看，还是从结尾的角度看，宇宙在时间上都具有无限性。庄子以后，这个问题就解决了，没有人再提出不同意见。大多数哲学家达成的共识是：宇宙在时间上是无限的，开端是无限的，发展也是无限的。

另外一个问题是：宇宙在空间上，是有限的呢，还是无限的呢？对于这个问题，中国哲学家也有一个认识的过程。最初，有限论占上风，认为宇宙在空间上是有限的，后来无限论成为共识。有限论最初以西汉的刘歆提出的盖天说为代表。按照盖天说，"天圆地方"，天是个圆形体，地是个方形体。两个方面合在一起，便构成一个有限的宇宙。盖天说有一个明显的理论漏洞：圆形的天体，如何能盖严那个方形的地体？圆形的天体，怎么可能与方形的地体相吻合？为了弥补这个漏洞，东汉的张衡修正了盖天说，提出浑天说。按照他的想象，宇宙有如一个大鸡蛋。天是一个球体，有如蛋壳；地也是一个球体。天球包着地球，就像鸡蛋壳包着鸡蛋黄一样。在地球与天球之间，充满了气，地球悬浮于天球之中，处在发展变化的状态。不能设想没有天球作为外壳，如果没有那个外壳，气都跑光了，地球将无法存在。这两种空间有限论观点，曾经长期是中国人信奉的宇宙论模式。北京天坛是圆形建筑，而地坛则是方形建筑。张衡依据浑天说，造出浑天仪。

宇宙空间有限论后来被突破了，出现了宣夜说。据《晋书·天文志》记载："宣夜之书亡，惟秘书郎郗萌记先师相传云：'天了无质，仰而瞻之，高远无极，眼瞀精绝，故苍苍然也。'"宣夜说认为，天是无色无体的无限大的空间，其中有无边的气支持着、推动着日月星辰的运行。东晋天文学家虞喜依据宣夜说作《安天论》，指出："天高穷于无穷，地深测于不测。"生动地描述了一幅无限宇宙的图景。"天无穷"，不是有边际的"体"；"地不测"，也不是有边际的"体"。宣夜说和安天论的最大功绩，在于粉碎了那个固体的天穹。盖天说和浑天说都假设存在一个固体的天穹，日月星辰都镶嵌在上面；宣夜说取消了这个纯属臆造的假设，标志着中国人在认识宇宙方面的一大进步。宣夜说对宇宙的认识，不但比盖天说、浑天说高明，而且也比西方人的宇宙论高明。英国著名中国科技史专家李约瑟曾公允地评价说，中国的宣夜说同古希腊的任何一种宇宙论相比都毫不逊色，要比欧洲的九层水晶球观念先进得多。

宋末元初的思想家邓牧试图把宇宙有限论和宇宙无限论统一起来。他说："天地大也，其在虚空中不过一粟耳。虚空，木也；天地犹果也。虚空，国也；天地犹人也。一木所生，必非一果；一国所生，必非一人。谓天地之外无复天地，岂通论耶?”（《伯牙琴·超然观记》）他认为，无限的宇宙好比一棵大树，人们观测到的宇宙只是树上小小的一枚果子；无限的宇宙好比是一个国家，人们观测到的宇宙只是国家中的一个居民。简言之，天地之外还有天地，空间之外还有空间，宇宙是不可穷尽的；而无限的宇宙恰恰是由有限的空间组成的，无限与有限相互依存、相互转化。他的这种无限与有限对立统一的思想，达到了中国古代宇宙无限论的高峰。

三、 气化流行

由第一组问题，引申出来第二组问题：宇宙为什么这个样？宇宙的成因是什么？怎样来解释这个动态的宇宙？尽管中国哲学家不把世界作为判断的对象，但总得为动态的世界给出一个哲学的理由。他们给出的综合性的理由，就是“气化流行”。这四个字是戴震提出来的，但是它表示了大多数中国哲学家的共识。中国哲学家解释宇宙的成因时，最终聚焦在元气观念上。元气既是质料因，又是动力因，用一个命题来表述，就叫做“气化流行”。

“气化流行”的说法，有一个形成发展的过程。最早涉及这个话题的哲人是伯阳父。周幽王三年（公元前779年），发生了一次大地震，河道都壅塞了。伯阳父评论说：“周将亡矣。夫天地之气，不失其序，若过其序，民乱之也。阳伏而不能出，阴迫而不能蒸（升），于是有地震。”（《国语·周语上》）我们透过他那以天道比附人事的迷雾，可以了解到这样几层意思：第一，他认为宇宙中存在着“阴气”和“阳气”，二者相互对立，此消彼长，构成各种自然现象的质料因和动力因。第二，“天地之气”有一定的次序，当这种次序受到破坏的时候，便会出现反常现象，发生变故灾异。第三，自然界出现变故灾异，其原因还在于自然界本身，不能归结为某种超自然的力量。与伯阳父同时的史伯用“五行”说解释各种自然现象的动力因和质料因，他说：“夫和实生物，同则不继。以他平他谓之和，故能丰长而物归之。若以同裨同，尽乃弃矣。故先王以土与金、木、水、火杂以成百物。”（《国语·郑语》）在这里，他并没有把先王看成造物主，而是说先王以一种明智的态度对待宇宙，促成事业的成功。在先王的眼里，宇宙运行依赖于土、金、木、水、火五种要素，叫做五行。“行”是一种动态状况，不是确定的实物。“五行”其实就是“五气”。伯阳父把气区分为阴气和阳气，史伯则把气区分为五行。在他们那里，千变万化、千差万别的宇宙，可以归结为两种或五种要素，而两种或五种要素，最终都指向一个“气”字。

人类在童年时期，把自然界无限多样性的统一，看作不言而喻的事情。在解释其原因时，有两种思路可以选择。**一种是存在的思路，许多哲学家都在某些具有固定形体的特殊的东西中去寻找这个统一。例如，古希腊哲学家恩培多克勒找到水、火、气、土四种元素；古印度人找到地、水、火、风四种元素，形成“四大”说。他们找到的都是现成的自然存在物。另一种就是中国哲学家选择的过程的思路。他们不在自然存在物中寻找宇宙的本原，而将宇宙本原归结为动态的气或行。**在中国哲学中，水、木、金、火、土作为“五行”，都是寓意性的表示，不能等同于“五物”。五行说中多出一种古印度和古希腊哲学家都没有提到的“金”。这里的“金”，不是天然的黄金，而是指人工提炼出来的金属，也表明中国古代的生产力水平，远远高于印度和希腊。

最初中国哲学家用多元的气化论解释宇宙的成因，对宇宙的整体性关注不够。阴阳说把宇宙多样性归结为阴气和阳气两种要素，五行说把宇宙的多样性规定为五种要素，还没有做到把“多”归结于“一”。这种多元的气化论，后来被一元的气化论取代。

首创一元气化论的哲学家，当属老子。老子从动态的、有机的宇宙论出发，看待宇宙的成因。他认为，宇宙万物生成，应该有质料因和动力因。不过，质料因和动力因皆为“道”的题中应有之义，并不在“道”之外。所以，必须沿着“道”的思路，追问质料因和动力因，并且把二者统一起来。从这个角度看，不能把质料因和动力因归结为某种确定的物，也不能用描述确定物的方式来表述，只能称之为“无”。“无”不可以言说，但又不能不说。老子提出这样一个有趣的命题：“朴散则为器。”（《老子》第二十八章）“器”是对可见宇宙中万事万物的泛称，此“器”非彼“器”，意味着杂多；“朴”是“器之所以为器”的前提，是“器之所以为器”的质料因，自然与“器”不在一个层次。正是因为“朴”不是任何“器”，才能成为任何“器”的质料因，也就是成为宇宙万物的质料因。“朴虽小，天下莫能臣也。”（《老子》第三十二章）“朴”有简朴、单一、模糊、混沌等意思。“朴”不能是杂多，只能是单一。沿着这一思路，老子已经接近气化一元论，只是还没有明确地把那个“气”字点出来。在老子哲学中，“无”“朴”“一”，实质上指的就是气。这从老子关于宇宙万物生成过程的描述中，可以看得很清楚。

在老子看来，宇宙万物的生成，其实是“朴”逐渐明朗化的过程。“道生一，一生二，二生三，三生万物。万物负阴而抱阳，冲气以为和。”（《老子》第四十二章）“道生一”有两层意思。一是说“道”以气为载体，依托于气而运行起来。气作为“道”的质料因，自然也是万物共有的质料因。二是说气在明朗化过程中，将沿着不同的方向展开，例如：“天得一以清，地得一以宁，神得一以灵，谷得一以盈，万物得一以生，侯王得一以为天下贞。”（《老子》第三十九章）“一生二”的意思是说，气作为质料因是“一”，而内在地包含着“二”，即阴阳两个方面。老子不再区分什么阴气和阳气，而强调二者的一体性，认为阴阳为对立统一体的两个方面。唯其如此，气既是质料因，同时也是动力因。“二生三”的意思是说，由阴阳两种要素里，可以形成第三种要素。例如，四分之一阳加四分之三阴，这样一个组合，不就是一种“三”吗？二分之一阳加二分之一阴，这样一个组合，不就是另外一种“三”吗？“三生万物”的意思是说，阴、阳、和三种要素的组合，足以解释宇宙万物的成因。总的结论就是：“万物负阴而抱阳，冲气以为和。”他把宇宙万物的成因，最终归结为一个“气”字。

庄子继老子之后，明确地提出气化一元论。这种理论也可以表述为元气论。庄子说：“人之生，气之聚也。聚则为生，散则为死。……故曰：通天下一气耳。”（《庄子·知北游》）庄子从人生论谈到宇宙成因论，以“气聚”解释人生，以“气散”解释人死，推而论之，万物皆是如此。《庄子·齐物论》：“方生方死，方死方生。方可方不可，方不可方可。”促成万物生死变化的原因，只有一个，那就是取决于气的聚或散。庄子用“野马升腾”形容气的自身状态。他大概有这样的经验：天气晴朗的时候，到郊外去极目远眺，会发现在天地相交之间，仿佛有一种野马似的东西，来回窜动，那就是气。笔者在乡下务农时，曾有过类似的体验。

儒道两家在别的方面有分歧，而在宇宙成因论上，看法却是一致的，皆认同元气论。荀子用阴阳相互作用解释万物的发生和发展：“天地合而万物生，阴阳接而变化起。”（《荀子·天论》）他用“气”解释宇宙的多样性和统一性：“水火有气而无生，草木有生而无知，禽兽有知而无义。人有气有生有知亦且有义，故最为天下贵。”（《荀子·王制》）荀子勾勒出一幅有层次的宇宙图景：最下层是水火等没有生命的无机物，高一层的是有生命的植物，再高一层的是有知觉的动物，最高层的是有礼义文化的人类。这四个层级都以气为根本，因而宇宙是一个以气为普遍联系的整体。

对于元气论，在中国哲学家当中没有异议；异议来自佛教。佛教不否认，那个属于人的宇宙处在“生生灭灭”的变化状态，但认为这恰恰证明其不具有真实性。相对于人的宇宙，还有一个属于佛的宇宙，一个“不生不灭”、永恒的、真实的佛国。从佛教的立场看，既然属于人的宇宙没有真实性，当然没有解释的必要，没有建构宇宙论的必要。因此，佛教不会赞成任何一种宇宙论学说。为了维系宗教信仰，佛教必然拒斥元气论。宗密用判教的方式对其加以贬抑：“儒道二教，说人畜等类，皆是虚无大道生成养育，谓道法自然，生于元气，元气生天地，天地生万物。故愚智、贵贱、贫富、苦乐皆禀于天，由于时命，故死后却归天地，复其虚无。”（《原人论》）把儒道两家摆在判教的最低层次，而把“一乘显性教”摆在最高层次，认为儒道两家皆不如佛教高明。

针对来自佛教的宇宙虚无论，宋明理学家重申宇宙真实论，用元气论证明宇宙的真实性，证明宇宙只有一个，反对佛教对其做二重化解释。张载提出的“太虚即气”学说，认为广大无垠的宇宙虚空都离不开气，“气块然太虚”；太虚就是气的本然状态，“太虚无形，气之本体”；至于太虚与万物的关系，就是气之聚散的关系：气聚而为万物，气散而为太虚。“太虚无形，气之本体，其聚其散，变化之客形尔。”（《正蒙·太和》）具体存在物都是由太虚之气转化而来，有生有灭，处在暂存的状态；而太虚之气，则无生无灭，处在永恒状态。

在解释宇宙成因时，西方哲学最高的理论思维成果是原子，中国哲学最高的理论思维成果则是元气。所谓“元”，有“不可追溯”的意思。按照戴震的说法，到元气这里，就是“太”了，就是“极”

了，“会归有极”，“无加乎其上”，这就是最终的理由。**由于有了元气论，一下子就把“上帝创世说”从中国人的视野中清除了。**中国哲人从来没有想象，在世界之上，或者世界之外，还有那样一个“万能的主”。

四、天行有常

由上述第一组问题，引申出第三组问题：宇宙间有没有一个常道？宇宙演化是否有规律可循？在佛教传入中国之前，中国哲学家的答案是肯定的；佛教传入中国后，有否定的观点与肯定的观点的争论，最后，还是肯定的观点占了上风。关于这种肯定观点的经典表述，来自荀子，叫做“天行有常”。这个论断代表大多数哲学家的看法，不能仅仅看成是荀子个人的观点。

大多数中国哲学家对认同“宇宙有常”说，认为宇宙的运行，有常道可以遵循。老子提出“常”这个哲学范畴，他说：“夫物芸芸，各复归其根。归根曰静，静曰复命。复命曰常，知常曰明。不知常，妄作，凶。”（《老子》第十六章）老子认为世界是有一个“常”，那个“常”就是变中的不变。老子的这种有常说，实际是一个抽象的有常说。“归根曰静，静曰复命。复命曰常”。对于一个哲学家，他的任务就是要把握住那个“常道”，可是这个“常道”很难把握，因为“道可道，非常道”。“常道”是一个普遍性的总规律，可是怎么把握这个普遍性的总规律，老子没有说。他对“常”的肯定，乃是一种抽象的肯定。儒家也对“常”做抽象的肯定。《易传》：“动静曰常，刚柔断矣。”在《易传》中，也没有对“常”做具体的解释，只是说“常”与动静、刚柔相关。肯定宇宙有常，这一点非常重要。如果宇宙没有“常”，那么意味着宇宙是不可靠的、不真实的、不确定的。

倘若宇宙是不确定的，你怎么可能认识它？怎么可能找到价值的依托？这些都将无从谈起。如果不肯定“常”，将走向虚无主义。

在老子和《易传》对“常”做抽象肯定的基础上，再进一步发展，到了荀子这里，就变成了具体的肯定。荀子把《周易·易传》和老子的有常说，融会贯通，综合创新，提炼出“天行有常”这样一个命题。荀子讲的这个“常”，不再是抽象的“常”，而是具体的“常”。例如，辽阔就是关于地理的常道，寒暑就是关于天气的常道。荀子明确地把“常”归结为世界上某种具体的运行规律，而且这种规律可以为人们所认识和把握，这就叫做“制天命而用之”。他强调，具体的常道规定了事物可知性。“凡以知，人之性也；可以知，物之理也。”（《荀子·解蔽》）人们认识世界中的常道，把握了世界中的常道，就可以利用这个常道为人们谋福利。

对于“天行有常”的观念，在中国哲学家当中没有出现反对意见；反对意见来自佛教。宇宙到底是“有常”，还是“无常”？如果只有一种意见，就没有办法深入讨论；只有出现两种意见，才有讨论的可能。佛教传入中国，有一个大用处，就是树立了一个理论上的对立面，提出“无常”说。在佛教看来，正是因为世界是没有常道可言的，所以说世界是虚假的。佛教的基本论纲叫做“三法印”，就是“诸行无常，诸法无我，涅槃寂静”。佛教认为宇宙无常，宇宙不真实，宣扬虚无主义，对“有常”形成挑战。

对于这种挑战，中国哲学家必须做出回应。由此形成一种中国哲学的新形态，就是宋明理学。宋明理学重申有常说，驳斥无常说。宇宙到底是无常的，还是有常的，这成为佛教和宋明理学之间的一个理论分歧。佛教主张无常说，宋明理学家主张有常说。在理学家眼里，那个“常”是什么呢？就是天理。天理是有常的，“天下物皆可以理照，有物必有则，一物须有一理。”（《周易程氏传》）如果不肯定

"常"，显然就没有办法倡导儒家的入世的理念。理学家强调，世界有"常道"，人生和社会有"常德"。这个"常德"就是三纲五常，"放之四海而皆准，并行万世而不悖"。宋明理学家的功绩，就在于重新倡导有常说；他们的失误就是把宇宙有常跟道德伦理的有常混在了一起，把必然与当然混在了一起。他们的有常说，带有很强的伦理色彩。

到了王夫之那里，对蒙在有常说上的伦理色彩，做了"去伦理化"的处理。王夫之最终完成了重申"天行有常"思想的任务。他指出，"常"就是静，变就是动。不过，"动"和"静"二者构成辩证的统一："方动即静，方静旋动；静即含动，动不舍静。"（《思问录·外篇》）换句话，常中有变，变中有常，变与常构成对立的统一，动和静构成对立的统一。到了王夫之这里，形成了有辩证法色彩的常道观，标志着中国哲学宇宙论发展到最高峰。王夫之是一位朴素的、辩证的宇宙有常论者。

五、问答互动

问：宋老师，您好！刚才您讲到《老子》文本中有这样一句话，叫做"天下万物生于有，有生于无。"在郭店楚简的版本中，没有中间那个"有"。这个问题，您怎么看？再就是，随着一系列出土文物的出现，有些学者认为，这些出土文物能够改变中国学术史的状况，您怎么看？谢谢！

答：不断有出土文物出现，很正常。我们不能因为有一个什么文本的出现，就把《老子》基本的概念给推翻了，孤证是不能立论的。"天下生于无""生于朴""生于道"，这不是老子偶尔的言论，而是一贯的思想。郭店的墓主，其实是一个儒家，那个出土的《老子》是一个简本，更不完全。所以你不能把郭店当作唯一的版本，还有好多《老子》版本呢。在马王堆出土的两个版本中，都有“有”字。我们不能仅仅抓住一点，不计其余，武断立论。我们对出土的文献要重视，但并不能因为有一个出土的文献出现，就把以前一切的观念都颠覆了。我觉得以为出土文物能改变中国学术史的说法有一点小题大做。我们还得尊重通行本，现在已经出现的四五个《老子》版本，证明通行本大体上是站得住脚的。

第三章
本体论专题

通过关于宇宙论的专题研讨，自强不息的哲学精神初步形成。不过，这种研讨仅关涉外在宇宙的话题，还未涉及关于价值的话题。宇宙论是个半哲学的话题，本体论才是真正的哲学话题。所谓哲学家，其实就是指创立本体论观念体系的人。通过本体论研讨，自强不息的哲学精神贯通世界观和人生观，从而成为中国哲学的优良传统，进而找到哲学的精神安顿方式，使内在超越成为中国哲学的优良传统。

一、本体论释义

作为哲学术语，“本体”源于拉丁文 on（存在、有、是）和 ontos（存在物）。德国经院哲学家郭克兰纽（Goclenius，1547—1628）首先使用了“本体论”（ontology）一词。在古希腊罗马哲学中，本体论研究的对象同宇宙论的研究对象有重合之处，但侧重点不一样。宇宙论主要回答“世界从何而来”的问题，本体论主要回答“世界为什么存在”的问题。在古希腊哲学中，有人把本体归结某种物质实体，如德谟克利特的原子论；有人把本体归结于某种精神实体，如柏拉图的理念世界说。亚里士多德把本体论摆在高于一切科学之上的、第一哲学的位置，称之为“形而上学”，把关于本质、共相和个体事物之间的关系，作为研讨的主要问题。长期以来，探讨本质与现象、共相与殊相、一般与个别之间的关系，一直是西方哲学的主要话题。

在西方现代哲学中，传统的本体论学说受到质疑。实证主义者强调哲学就是认识论，主张用“奥康的剃刀”剔除本体论问题。他们认为，本体没有“可证实性”，不过是“概念的诗歌”而已。人本主义者虽然也表示反对传统的“形而上学”，但他们并没有放弃对本体论问题的研讨，只是改变了研究思路。他们认为，以往的哲学家采取主客二分的哲学思维模式，从主体出发以寻求客观知识的思路研究本体，没有把握住问题的症结所在。他们要求改变主客二分的思路，不再从寻找客体存在的依据的角度探讨本体，而是从对主体的意义的角度探讨本体。他们突出“人”的地位，强调“存在”只有对于有亲在意识的人来说，才成为一个哲学问题。在他们看来，本体不仅是存在世界的哲学依据，同时也是意义世界的哲学依据。海德格尔在“人”身上发现了“存在”的秘密：“存在”是世界向“人”显示出来的本源性意义；正因为“人”是特殊的存在（亲在），世界万物才对人显示为具体的存在。换句话说，存在乃是“人的世界”的存在，“人”与“世界”同在。然而，人总是要死的，所以存在具有时限性，总是同“无”（不存在）联系在一起的。在这里，他阐发了一种跟西方以往哲学不同的本体论学说。

本体论问题是一个普遍性的哲学问题。 在印度哲学史上有这样一个故事，反映出印度哲学家对本体论的关切。在课堂上，有位老师讲：“世界漂在水上。”学生问：“水在哪里?”老师答：“盛在一个巨大的水盆中。”学生问：“水盆在哪里?”老师答：“驮在大象的背上。”学生还想继续追问，老师制止了他。老师指出，大象就是终极本体，不能再追问了。这位老师可以称为“大象本体论者”。尽管“本体论”哲学术语出现在西方，但本体论研讨却不是西方哲学的专利。世界上任何一种哲学理论形态都要研讨本体论问题，这是由哲学的学科性质决定的。哲学作为一门关于世界观（含人生观）的学问，以包括人在内的世界总体为研究对象。然而人作为研究者，无法把自己同这个总体分开，不可能以世界总体为观察的对象，只能以哲学理念的方式把握和理解世界总体。本体论就是关于这种哲学理念的说明和论证。本体论问题可以说是最困难的哲学问题。**每个哲学家提出的本体论学说，只能是一种关于如何把握世界总体的说法而已。迄今为止，人类尚未达成本体论共识。**

中国传统哲学关于本体论的研讨，独到之处在于遵循天人合一模式。大多数哲学家没有把主体与客体对立起来，没有单独从存在的角度寻求本体。在他们的眼里，本体不仅仅是宇宙存在的哲学依据，更重要的是人生意义价值的哲学依据。同西方哲学相比，中国哲学更为注重本体的价值意义。在中国哲学中，表述本体的哲学理念有天、道、理、气、无、朴、本真、大全、天理、大有、大心、本心、本然、本体、太极，等等。中国哲学家在先秦涉及本体论问题，进而探讨本体的抽象性、超越性、此在性和内在性，形成有中国特色的本体论思路。这一思路可以归纳为以下五个步骤。

二、先秦初探

在先秦时期，也即中国哲学问世之初，哲学家尚未把天与人视为整体，还没有把本体论同宇宙论或人事论区别开来。在他们对宇宙论或人事论的探讨中，包含着对本体论的探讨。

在中国哲学史上，第一个接触到本体论问题的哲学家是老子。在老子哲学中，道有复杂的含义，既是世界万物的逻辑起点，又是世界万物的终极根据。从后一种意义上说，道便成为关于存在的本体论范畴。道与万物同在，“生而不有，为而不恃，长而不宰，是谓玄得”。（《老子》第十章）道体现在万物之中，是万物必须遵循的原理、原则。人自觉地把握道的原理、原则，得到道的指导，叫做“德”。老子把“道”与“德”紧密地结合在一起，故而他的著作被称为《道德经》。

继老子之后，庄子进一步把重心从宇宙论移向本体论。他承认道对于万物具有逻辑在先性，提出“物物者非物”的命题。道使物成其为物，然而，道不是任何具体存在物。不过，道与万物同在而并非单独存在。如果把整个宇宙比作大树的话，万物有如枝叶，道有如根干。根干不可能脱离枝叶单独存在，同样道理，道也不能离开万物单独存在。庄子特别强调道的普遍性，强调形而上之道与形而下之物的统一性。东郭子问庄子“所谓道，恶乎在?”庄子的回答是：“无所不在。”东郭子一定要庄子指明道究竟在哪里，庄子的回答是“在蝼蚁”“在稊稗”“在瓦甓”，极而言之，“在屎溺”。总之，一句话：“周、遍、咸三者，异名同实，其指一也。”（《庄子·知北游》）庄子用“周”“遍”“咸”三个词形容道无所不在，与老子用“夷”“希”“微”三个词形容道“混而为一”，侧重点不一样。庄子从本体论的视角看待宇宙，形成“道是大全”的本体论观念。

儒家创始人孔子也把道视为本体，甚至看得比生命还重要，他说：“朝闻道，夕死可矣。”（《论语·阳货》）不过，孔子没有像老子那样，把道同万物联系在一起，而特别重视道对于人的意义，强调“人能弘道，非道弘人”。道家“无为”的观念，被他颠覆了，代之以“有为”。道不是人的支配者，而人却是道的弘扬者。在道的面前，人具有一种主动性。人领悟了道，便把道内在化为仁德。道在人生中的贯彻，叫做“德”；“德”的另一种称谓，就是“仁”。“仁远乎哉?我欲仁，斯仁至矣。”（《论语·述而》）在孔子那里，道、德、仁是同等程度的本体论范畴。道家从宇宙存在入手，以道贯通天人，侧重于天道；孔子从人事论入手，以道贯通天人，则侧重于人道。

儒道两家从不同的角度契入，都把道当作本体论观念。相比较而言，道家侧重于本体的客体意义，强调本体是存在的终极依据，但并不排除本体的主体意义，也试图以本体作为理想人格、理想社会的终极依据，认同天道与人道的同一性。儒家侧重于本体的主体意义，强调本体是价值的终极依据，同样也不排除本体的客体意义，也认同人道与天道的同一性。由此可见，儒道两家皆遵循天人合一的哲学思维模式。儒道两家殊途同归，观点自然有相近之处。第一，两家都承认道的至上性。道家认为道"先天地生""为天下母"，儒家认为"形而上者谓之道，形而下者谓之器"。第二，两家都把本体论同宇宙论合在一起讲。老子的说法是"道生一，一生二，二生三，三生万物"，《易传》的说法是"易有太极，是生两仪，两仪生四象，四象生八卦。"第三，两家都强调本体与万物同在，没有把本体看成单独存在物，没有造成本体与现象的二元对立。第四，两家都在探讨宇宙论时涉及本体论，还没有使之成为一个单独的话题。在他们的视域中，天与人处于原始的合一状态，尽管常常"推天道以明人事"，但并没有意识到天与人的整体关系。道家由宇宙论涉及本体论，儒家由人事论涉及本体论，皆没有形成自觉的本体论意识。

三、抽象本体论

随着中国哲学的发展，本体论作为完全意义上的哲学问题，在魏晋时期凸显出来。玄学家把本体论研讨推进到第二步，把本体论同宇宙论区别开来，明确提出"体"的观念，形成自觉的本体论意识。这个"体"，不但可以解释宇宙，也可以解释人事。他们把人与宇宙视为有机的整体，试图探寻"整体何以成为整体"的哲学依据。在他们的视域中，本体是抽象的，有别于任何具体事物。尽管体用有别，但体不脱离用，乃是对于天人总体所做的哲学抽象。

玄学家为什么特别看重关于“体”的研讨呢？这是名教衰微逼出来的一个话题。汉代经学家建立的纲常伦理规范，随着东汉的衰微，已经逐渐失范。有民谣说：“举秀才，不知书；举孝廉，父别居。”由此可见士风日下、人心不古之一斑。经学何以会衰落至此？据玄学家分析，问题出在经学家只在“用”的层面上，一味倡导纲常伦理，并没有作出本体论证明。由于这个缘故，致使儒学流于形式，甚至滑向伪善。一些无良文人，利用名教弄虚作假，满口讲的是仁义道德，实际上却是一肚子男盗女娼。经学家只讲纲常伦理之类的“用”，结果使“用”变得没有效用。玄学家把目光由“用”移向“体”，试图以“体”作为“用”的担保，以挽救名教的危机。这样一来，何为“体”的问题，便成为一个单独的哲学问题。玄学家的诉求是，不能只告诉人们什么是道德规范，还必须讲出道德规范所依据的本体。道德规范的有效性，不是来自他律，不是来自天意，不是来自皇权，而是来自自律和本体论体验。要使名教真正发挥作用，就不能再就事论事、就“用”谈“用”，而必须从根本处入手，加固信仰的根基。如果说先秦哲学家从宇宙论或人事论入手涉及本体论的话，那么，可以说玄学家已经直接面对本体论话题。

何为本体？玄学家的看法不一致，主要有三种答案。第一种是王弼贵无论。他把“无”看成本体，主张“以无为本”。按照王弼的解释，“无”不是对万物的否定，而是从总体上对万物表示肯定。“天下之物，皆以有为生；有之所始，以无为本；将欲全有，比反于无。”（《老子注》第四十章注）万物构成一个总体，“无”乃是对这一总体的抽象称谓。“无”与“全有”是一个意思。“无”表示万物的统一性，“有”表示万物的多样性，前者是后者的前提，“有”来自于“无”。如果世界上只是“有生于有”，那么，世界将停留在单一性，不会有多样性。假如说“有”只能生为“有”的话，那么狗就不会出现了。狗哪来的？最初，狗不是狗生的，狗是狼变的。狼对于狗来说，那就是“无”。一个“无”字，把狗跟狼给统一起来了。显然，王弼试图借助“无”这一本体论观念，建立起一种世界总体观。

第二种是裴頠的崇有论。他认为，本体应当称之为“有”，而不能称之为“无”，主张“以有为本”。理由是：对于“无”，无法排除否定的意思，不如代之以“有”。至于本体论意义上的“有”究竟为何物，他没有给出明确的说法。其实，没有任何内容的“有”，同没有任何内容的“无”，在哲学上是等值的，都是对世界总体的抽象肯定。借用黑格尔的话说，讲的都是抽象的同一性。

第三种是郭象的独化论。他的核心论点是“独化于玄冥之境”。“独化”就是“独自变化”的意思。在本体论上，郭象不认同“无”，也不认同“有”，主张用一个“变”字。万物皆“独化于玄冥之境”。至于“玄冥之境”到底是怎样一种境，郭象拒绝做任何解释。在玄学家当中，无论认为本体是无，还是有，抑或是变，其实都是一种抽象的本体论。

王弼、裴頠、郭象的本体论思考有一个共同点，就是都建立在肯定世界的基础上。他们关于本体的讲法，其实还停留在“形而中学”的层面，并没有真正达到“形而上学”的层面。玄学家讲的“体”，只是人生价值的担保，还不是对人生价值的否定。他们没有为人设立一个超越的价值目标。他们认同“世界只有一个”的世界观，相信体用内在统一，没有把“体”视为单独存在。玄学家批评经学家“有用而无体”，而他们则跳到另一种极端，那就是“有体而无用”。他们主观上何尝不想把体用统一起来，但实际上做不到。据《晋书·阮籍传》记载，阮籍“时率意独驾，不由径路，车迹所穷，辄痛哭而返”。他完全找不到通往体用合一的路，不能不彷徨于玄远与俗务之间。他企慕玄远，却不能忘情俗务；他厌恶俗务，却不得不到朝廷里去做官。玄学家建构的抽象本体，没有任何具体的内容，不能发挥价值导向的作用。依据抽象本体，无法建构价值世界，也不能提供一种精神生活方式。玄学家采用喝酒、吃五石散等办法麻醉自己，只能暂时逃避现实生活，并不能超越自我。要想建立价值世界，并且找到一种精神生活方式，只讲到抽象本体层面远远不够，还必须讲到超越层面。囿于“世界只有一个”的世界观，玄学家显然无法完成这个任务。要讲出本体的超越性，必须引入外来的思想资源，引进佛教“两个世界”的世界观。

四、超越本体论

引入佛教以后，玄学“体用有别”的观念，被佛学家“体在彼岸”的观念取代，把本体论研讨推向第三个步骤，讲出超越本体论。

佛学家眼中的世界，不是一个，而是两个：有一个属于人的世界，叫做此岸；还有一个属于佛的世界，叫做彼岸。“体”不在此岸，而在彼岸。“用”虽在此岸，然而却是对“体”的扭曲，而不是“体”的朗现。玄学家讲的本体是抽象，本身没有内容，完全以“用”为其内容；佛学家讲的本体是超越的，自成一个世界，其中有佛，有菩萨，有罗汉，名堂很多。玄学家讲的抽象本体，虽是价值的担保，而本身在价值上却是中立的；佛学家讲的超越本体论，则是价值的根源。不生不灭、真实、清净、极乐……一切正价值皆在彼岸；有生有灭、虚幻、染污、烦恼……一切负价值皆在此岸。超越本体论的价值导向，就是超越此岸，以彼岸为归宿。佛学家把超越本体论称为般若学，意思是佛教讲出的智慧学。佛学家把超越本体表述为佛性、真如、一真法界、理法界、阿赖耶识、空，等等。

佛学家用来表述超越本体的术语，最常见的是“空”字。般若学所说的“空”，跟玄学所说的“无”，相似并不相同。玄学所说的“无”，以否定的形式对万物的真实性表示肯定；般若学所说的“空”，却是对此岸世界的否定，消解万物的真实性。佛学家强调“空”为本体，目的在于颠覆普通人的世界观，劝人们接受佛教世界观，劝人们摒弃此岸世界，皈依彼岸世界。佛教世界观是一种虚无主义的世界观，只对此岸世界做出否定的判断，不承认万物的真实性。此岸世界是什么？完全是虚假的幻象！为什么世俗之人认不清此岸世界的虚假性？那是因为世俗之人体验不到“空”，误以为世界是真实的。如果“看破红尘”，将会体味到：究极本体无非就是一个“空”字！不过，世俗之人没有“空”的证悟，只有佛才有，才会看清“诸法实相”。

为什么说究极本体是“空”？般若学有一套独特的论证方式，叫做“缘起性空”。玄学家只是把万物归结为“无”，而“无”在骨子里还是“有”，即肯定世界的真实性。玄学选择的是一种综合的思路，一种中国哲学固有的路径。佛学家则不然，选择的是一种分析的思路，通过分析的办法，化“有”为“无”，或者化“有”为“空”。具体讲法就是：“因缘所生法，我说即是无（空）。”般若学认为，任何具体的事物都是相对的，都是有条件的，这叫做“因缘所生法”。如果把每个因缘一一都抽掉了，还有什么呢，那不就是“无”吗？那不就是“空”吗？佛教为了说明万物的虚无性，常常采用一个比喻，叫做“层层剥蕉”。芭蕉看起来好像是一棵郁郁葱葱的植物，其实不过是一个“因缘和合体”而已。如果把作为因缘的芭蕉叶子，一层一层地剥光，最后剩下什么呢？什么都没有了，不过是一场“空”而已！这个“空”就是究极本体。

同任何宗教哲学一样，佛教信奉“两个世界”的世界观。凡人的世界观叫做“俗谛”。用俗谛的眼光，会把虚假的此岸世界当成真实的存在。佛的世界观叫做“圣谛”。用圣谛的眼光看，万法皆空，“空”才是“诸法实相”。当你没有领会到“空”、没有“般若智”的时候，受困于凡夫俗子的俗见，会以为此岸世界是真实的；当你摈弃了这种俗见，把这个世界上万物的因缘都分析掉了，因归成因，缘归成缘，那你眼里的世界，将是一片空灵。当你进入这样的精神境界时，那就成佛了，完成了对于凡人的超越。

在玄学家那里，“无”只是一种存在的理由，并没有价值的色彩；而佛学家讲的“空”，则被赋予价值的色彩。从价值的角度说，“空”就是“净”，与“染”相对。“净”是值得追求的目标，而“染”则是应当摒弃的垃圾。佛教的超越本体论有浓重的东方哲学色彩，既解释存在，也解释人生，但以解释人生为主。佛教把人生的价值都否定掉了，试图把人引入成佛的境界。佛教依据超越本体论，建构了一个价值的世界，建构了一个精神家园。这种精神家园对于人们的精神追求，有很大的诱惑力。佛教解决了如何依据本体建立价值世界或精神家园的问题，理论深度超过了玄学。佛教传入中国以后，由于讲的道理比玄学深刻，比玄学复杂，很快在学理上占了上风。玄学为什么在中国销声匿迹了？因为它的讲法被佛教遮蔽了。佛教的超越本体论学说，讲的才是地地道道的“形而上学”。般若学“体在彼岸”的说法，曾一度在中国人的精神生活中占主导地位。不过，没过多久，就有了变化：中国人毕竟是一个有着深厚理论功底的民族。

五、 此在本体论

对于佛教超越本体论，中国哲学家虽然接受，但并没有照着讲，而是接着讲。他们把外来思想资源同本土思想资源结合起来，综合创新，把本体论研讨推向第四个步骤，以此在本体论取代了超越本体论。

中国哲学家吸收佛教超越本体论的理论思维成果，把超越理念引入价值论。他们意识到，如果不树立一个超越的价值目标，人便无法超越自身。所谓超越，就是把自己提升到理想的境界。不过，中国哲学家认为，超越自我只是人格的自我完善，不必否定人自身，不必企慕彼岸世界。至于在存在的意义上，中国哲学家则不认同“两个世界”的世界观。他们把此岸与彼岸合并为一个整体，回归“世界只有一个”的世界观。把超越本体论改造为此在本体论，这个工程是由佛学家和理学家共同完成的。让本体回归此岸，是他们共同的努力方向。

按照印度佛教说法，有一个虚幻的此岸世界，有一个真实的彼岸世界。华严宗改变了这种观念，把“两岸”统一起来，整合成一个整体。法藏提出了一个标志性的论点，叫做“一即一切，一切即一”。无论此岸还是彼岸，都与“一”相联系；倘若没有那个“一”，既无所谓此岸，也无所谓彼岸。在他看来，这个“一”就是此在的本体。他还提出“四法界”说，说明此在本体的唯一性和普遍性。第一个法界叫做“理法界”，也就是本体界；第二个法界叫做“事法界”，也就是现象界；第三个法界叫做“理事无碍法界”，是说“理法界”和“事法界”构成圆融无碍的关系；第四个法界叫做“事事无碍法界”，是说本体构成事物之间的普遍联系，本体与万物同在。把这四条总括起来，就叫做“一即一切，一切即一”。武则天对法藏的说法有点搞不懂，法藏便就拿镇纸金狮子做比喻说：“一一毛处，各有金狮子；一一毛处狮子，同时顿入一毛中。”（《华严金狮子章》）金狮子的每一根毛，都是金狮子整体的体现，每一根毛中都含摄整个的狮子。意思是说，任何部分只能在总体中成为部分，本体与总体是分不开的。法藏已经把“体”从彼岸移植到此岸，强调本体就是总体。这种本体论观念同庄子“道”无所不在的思想，意思已经相当接近了。尽管华严宗已经意识到世界只有一个，由于受佛教思维的限制，还不能明确肯定世界的真实性。不过，沿着“世界只有一个”的思路再往前走一步，必然得出这样的结论。从华严宗到宋明理学，其实只有一步之遥。

华严宗化超越为此在，把彼岸和此岸沟通了。在此基础上，宋明理学则完全把彼岸取消，只认可世界的此岸性，彻底回归到“世界只有一个”的传统。从“一个世界”的视角看，并不存在什么彼岸，当然也无所谓此岸。在程朱理学中，天理取得真如，成为此在本体论的核心理念。程朱理学认为，天理既是物理，又是人理，明确肯定当下世界的真实性。程朱理学已经突破了佛教本体论思维的藩篱，把本体论研讨重新纳入哲学的轨道。不过，他们创立的此在本体论还侧重于存在的话题，没有把本体论对于人的价值讲得很到位，没有把“价值本体论”讲到位。

六、 内在本体论

中国哲学本体论研讨的最后一步，就是在化超越本体为此在本体的基础上，进而化超越本体为内在本体，将“体”置于“心”中。这个“心”，指的就是价值评判的主体。内在本体论只谈价值本体论，不谈存在本体论。此在本体论者把“体”置于此岸，虽然突破了佛教话语，好像还有需要解决的问题：如果“体”只在此岸，而不在人心中，这个“体”怎么可能为人所用呢？所以，还得往前面走一步，将“体”还原到人的内心世界之中。

化超越本体为内在本体的工程，也是由佛学家和理学家共同完成的。禅宗的创始人慧能，不否认佛性为本体，但他提出一个重要的理论问题：佛性究竟在哪里呢？如果说佛性在彼岸，与人相外在，人怎么可能成佛呢？所以，必须树立“佛在我心中”的观念，人才有成为佛的可能性。按照禅宗的意思，不能设想佛在彼岸，必须承认佛在人的心中。我心中的佛，那才是真佛；那个心中之佛，才会为人所用。人如何成佛？就是一念之差：一念迷，你就是众生；一念觉，你就是佛。

禅宗“佛在我心中”的观念，用佛教话语表达内在本体论学说，对宋明理学颇有启发。陆王一派针对程朱理学提出一个类似禅宗的问题：理到底是在天上呢，还是在人的内心世界？如果“理”是在天上，与人相外在，怎么可能为人所用？对于程朱理学“理在天上”的观念，陆王一派表示反对，强调“理在心中”。陆九渊批评说：如果把天理放在人之外，放在天上，那将是支离的；只有把天理放在心中，视为心中之理，才能找到做人的价值依据。在程朱那里，解释重点是存在的话题；而到陆王这里，只讲出价值本体论，不讲存在本体论。陆王强调，理就在人的内心之中，心中之理就是天理。陆九渊说：“吾心便是宇宙，宇宙即是吾心。”人通过内求的方式，就可以证得天理，就可以达到自我完善。陆九渊不太愿意使用“天理”这个词，他换了一个词叫做“本心”，而“本心”就是“天理”。不过这个“本心”，还是一个抽象的心，是一个本然之心，一个“先立乎其大”的大心，并不是每个人的肉头心。

到了王阳明那里，把“本心”换成了“良知”。“良知”那个“良”字是什么意思？那是一种价值判断！“本心”已经把本体内在化了，但它还没有充分价值化，所以真正把价值本体论讲到位的哲学家是王阳明。“良知”中的“良”，就是“好”的意思。每个人都有良知，所以每个人都有自我完善的可能性，“良知”就是人成为圣人的终极的依据。有个小偷不认同“良知”说法，被王阳明逮住了。小偷说："我从来就没有良知。"王阳明说："你把上衣脱下来了。"小偷照办。王阳明说："你把裤子脱下来。"小偷照办，只剩下一个裤头。王阳明说："你把裤头也脱下来。"小偷说什么也不肯脱。这时，王阳明说："看来你还有良知嘛，'羞恶之心人皆有之'。"在王阳明看来，"良知"就是人自我完善必不可或缺的前提。显然，这不是讲关于存在的话题，而是讲关于人生价值的话题。所谓"致良知之教"，就是说良知每个人都有，你把这个"良知"发扬起来，那你就是圣人。王阳明讲到这个层面，就把本体讲成了人能够自我完善的终极依据。正因为有"良知"作为前提，每个人都可以成为圣人。用他的夸张说法，"满街都是圣人"。他为中国人的精神安顿指示出一种本体论依据。

以上就是中国哲学本体论研讨走过的五个步骤。第一步，没有把本体论和宇宙论分开，保持原始完满的状态；第二步，强调体用有别，把本体论问题突出出来；第三步，对本体做超越化的处理，置于彼岸；第四步，化超越为此在，消解彼岸，强调此岸的真实性；第五步，化超越为内在，强调体在心中，确立内在超越的价值取向。中国哲学关于本体论的研讨，既是对自强不息哲学精神的弘扬，也是对内在超越精神的弘扬。中国人的价值世界，不以超越的彼岸世界为依托，而以内在价值本体为依据。内在本体论是中国人搭建精神世界的理论基础。中国人讲究"心安理得"，倘若没有"心"，怎么"安"？倘若没有"体"，往哪里"安"？所谓"理得"，就是说问心无愧，以本体之理为皈依。与西方哲学、印度哲学相比，中国哲学本体论的独到之处，在于重视价值本体，而不是存在本体。

七、 问答互动

问：宋老师，您好！听了您的讲座很受启发。我一直有一个问题想问。中国哲学是我们中华民族的优良传统，至于如何把它的时代价值开发出来，这是包括您在内的所有研究中国哲学的专家，都很感兴趣的问题。最近看到很多现代新儒家关于中国传统哲学能焕发出时代价值的探索，我想问一下：您认为现代新儒家是否能够代表中国传统哲学在当代的焕发？如果说能的话，您的理由是什么？如果不能的话，您认为中国哲学与当代发展的契合点在哪里？谢谢！

答：你这个问题比较宏大。涉及到的第一个问题是：对现代新儒家我们该怎么看？我认为，现代新儒家有一个重大的理论贡献，就是对中国哲学表示一种肯定的态度，用他们的话说，叫做“同情的理解”，叫做“表示敬意”，这个应该说是他们的功绩。他们肯定中国哲学的价值，那是针对西化派而言的。如果全盘西化是可能的，中国岂不就被否定掉了吗？这也是对那些“左”的话语而言的，反对把中国哲学看成思想包袱。但是，现代新儒家并没有解决如何把中国传统资源现代化的问题。他们在肯定中国哲学的时候，也有一些看法，现在看来是偏激的。比如说“内圣开出新外王”，好像“科学”“民主”能从我们儒家学说中开出来似的，这是一个文化决定论的观点。“民主”“科学”不是从传统中“开”出来的，是我们从西方学来的，这是一个不争的事实，你改变不了这一点。那么，如何推动中国传统哲学向现代转化呢？这里有一个立场问题。我觉得，应该站在现时代的立场上。我们不能把中国哲学看成一个不变的道统，没有那么一个“统”。“人弘道，非道弘人。”孔夫子这个话是对的，是我们在弘道，不是道在弘我们。现代新儒家有一个很重大的失误，那就是“道弘人”，而不是“人弘道”。我们应当站在当下的理论语境当中，从古人处拿来对我们有用的东西，而不是要复归到古人那里去。你回不去了，永远不可能回到古人那里。所谓继承传统，那是一个创造性的发挥。至于怎样结合我们的语境发展古人的思想，这个工程应当说刚刚起步。就连杜维明都很悲观，他认为这个过程至少得一百年，他也不认为他的老师牟宗三把这个问题解决了。现代新儒家只是提出了这个问题，至于怎样解决，我们可以有多种角度去探索，不能把他们的一些具体说法看成不刊之论。应当承认，他们的态度是值得我们学习的，就是不能砸碎一切，不能全盘否定，不能搞民族文化虚无主义。至于如何建立起一种新的中国哲学，这个还是任重道远的事情，有待于你们来努力。一百年以后，我肯定赶不上了。

问：宋老师，您好！我有个问题。中国哲学中有这么一个观念，叫做“体用无二，显微无间”。我想问的问题是：中国哲学中有没有脱离了“用”的纯粹本体论？

答：我刚才已经讲了，从中国哲学自身来说，没有这样一个传统。“体用无二，显微无间”是一个主流的观点，不过这个主流的观点有一个正、反、合的发展过程。在原始统一阶段，在先秦时期，认为体用无二，没有意识体用之间有矛盾。但是，如果仅是停留在原始的统一，就没有发展可言，必须得突破这个原始的统一才行。于是就有了魏晋玄学。魏晋玄学强调的是体用有别。所谓“名教出于自然”，意味着名教是名教，自然是自然，自然是高于名教的，那不就是有别嘛！你不能指望一个人完全被动地恪守规则，而是要造就完人，要在世界观上解决问题。“体用有别”的思想，就意味着体用有二，意味着可以讲形而上学。佛教般若学肯定彼岸，否定此岸，讲的就是纯粹的本体论。但是，进一步发展，慢慢地又回到了“体用无二，显微无间”。由于有这么个过程，所以不能一般地讲中国有没有“体用有二”的思想，我觉得“体用无二”是一个主流的观点，但是正因为有相反观点的刺激，才有原始的完满，上升到更高程度上的完满。

问：我认为，文明也好，文化也好，在特定的时代都有其载体。人肯定是一种载体，书也是一种载体。我们现在看到，基督徒代表了基督教文化，佛教徒代表佛教文化，那么现代的中国，特别是五四以后，“文化大革命”以后，谁来代表儒家文化呢？儒家文化的载体是什么呢？如果没有载体，那么儒家所讲的那些道德的教化、伦理的教化，在市场经济的今天，如何起到道德调节的作用呢？

答：关于这个问题，我以前发表过一篇文章，讨论儒家文化的载体问题。我觉得，以前有一个误解，认为儒家文化的载体，就是那个君主制度。这种看法是片面的。儒家文化的载体，应当说有三个：一个是君主专制；另外一个是家庭，我们的家庭伦理是中国最能体现儒家的伦理；再一个就是人的内心世界，儒学作为一种本体论的理念，一种关于人之所以成为人的探讨，在人的内心世界还是有根的。所以，并不能因为君主专制被否定，便把儒家的另两条根全都否定了。儒学在中华民族是有根基的，在家庭伦理是有根基的，在人的内心世界是有根基的。我选择了这样一种信念，就是找到一种精神动力。儒家做一个正人君子的信念，对每个人来说，都有一种激励的作用。在这个意义上，儒学并没有因为封建制度被推翻而消失，说儒学变成了“花果飘零”，有一点过分和夸张。儒家的思想在中国人构成的民族群体中，应该说根深蒂固。至于说儒家思想现在没有一个代表人物，它是否能够运转，我觉得这也不成为问题。这涉及人与文化之间的关系。我认为，人是主体，文化是人选择的对象，文化总是被人利用，而人不能成为被文化支配的对象。我们不一定打出“新儒家”的旗号，但是“新儒学思想”可以讲，并且有多种讲法。不能因为时代的变迁，儒学就被抛弃。无论时代怎么变迁，人还是家庭的成员，还是要寻找安身立命之地、精神依托之所、精神家园的所在。因此，儒家仍然是一种可供选择的向度。当然，你可以选择，也可以不选择，因为现代文化是多元的文化。你可以选择成为基督徒，也可以选择成为儒学的接受者或认同者。不过，即便做儒学的接受者，也不是全盘接受，而是根据时代需要，做出一些筛选。儒学作为一种资源，它有恒常的价值，而不是说古人某种具体的讲法，有恒常的价值。古人有些讲法已经过时了，例如“君叫臣死，臣不敢不死”，现在根本就没有君臣了，这个话不就成废话了吗？任何文化对人来说，只是一种资源，不可能简单地复兴。现代人不可能回到古人的世界，但可以利用古人留下的思想材料，来建造属于自己的精神世界。

第四章

辩证法专题

中国哲学注重辩证思维的哲学精神，集中体现在对辩证法的专题研讨上。通过历代哲学家的不懈研讨，这种精神成为中国哲学的优良传统之一。这一传统发端于先秦时期，一直为后世哲学家所继承、弘扬和发展。

一、 辩证法释义

辩证法（dialectics）源出希腊语“dialego”，原意是指能够化解不同意见的辩论方法。作为哲学术语，用来表达关于对立统一、斗争和运动、普遍联系和变化发展的观点，同孤立静止看问题的形而上学观点相对立。日本学者把这个术语用日文译为“弁証法”。中国学者受日文的影响，用中文表述为“辩证法”，遂使之成为中国现代哲学常用术语之一。这种译法是否准确，中国哲学界曾经有过讨论。马克思主义理论家瞿秋白觉得“辩证”二字没有抓住对立统一律的核心和实质，主张用“互辩律”取代“辩证法”一词。精通黑格尔哲学的哲学家贺麟也不赞成“辩证法”这种译法，主张用“矛盾法”取而代之。他们的看法无疑都有道理，可是，“辩证法”一词早已在中国哲学界广泛使用，约定成俗，无法改变了。

综观辩证法思想发展史，出现了三种理论形态。第一种形态是朴素辩证法，中外古代哲学史上的辩证法都属于此类，中国传统的辩证法也不例外。朴素辩证法建立在对世界和社会直观观察的基础上，与实践经验紧密地结合在一起，尽管尚未达到理论自觉的程度，属于一种原初的、自发的辩证法思想，但实质上是一种正确的思想方法。朴素辩证法为后来辩证法思想的发展奠定了基础，为人们正确认识世界和社会、掌握发展规律提供了得力的工具。不足之处是缺乏系统的理论论证，还没有上升到理论思维的高度。第二种形态是概念辩证法，也就是黑格尔的辩证法思想。黑格尔精辟地把辩证思维规律概括为三条：第一条是对立统一律，第二条是质量互变律，第三条是否定之否定律；还对一系列辩证法范畴作了深入的理论分析。黑格尔对于辩证法思想的发展无疑做出了巨大的贡献，但也存在着明显的缺陷。黑格尔的概念辩证法建立在客观唯心主义的基础上，以精神为主体，着重考察概念的辩证运动，是一种头朝下的辩证法思想。黑格尔的辩证法思想是深刻的，但他对世界的解释却是错误的，而且没有贯彻到底，最终窒息在形而上学的体系之中。第三种形态是马克思的唯物辩证法。马克思不再像以往的哲学家那样，只是解释世界，而是把目光转向改造世界，实现了哲学思维的变革。马克思把被黑格尔颠倒了的辩证法再颠倒过来，把辩证法同唯物论结合在一起，创立了唯物辩证法。毋庸讳言，同马克思主义唯物辩证法相比，中国传统的辩证法思想无疑是一种初级形态的辩证法，但这决不意味着它在现时代已经失掉了理论价值。马克思主义唯物辩证法和中国传统辩证法都建立在正确的世界观基础之上，因而它们之间的真理性是相通的。学习和研究中国传统辩证法，可以帮助我们消除对于马克思主义唯物辩证法的陌生感，增强亲近感；可以帮助我们提高掌握辩证思维规律的自觉性。

辩证法这一术语是中国从日本引入的，而辩证法思想则是中国固有的。 中国哲学家特别重视辩证法研讨，弘扬注重辩证思维的哲学精神。对于中国哲学的这一特色，英国学者李约瑟博士看得十分清楚。他写了一部多卷本巨著，书名是《中国古代科学技术史》。在这本书中，他认为中国哲学有两个特点：一个是提出一种动态的、有机的宇宙观，渗透着动态的、有机的观念；另外一个就是跟动态的、有机的宇宙观相联系，辩证思维比较发达。他说：“当希腊人和印度人很早就仔细地考虑形式逻辑的时候，中国则一直倾向于发展辩证逻辑，与此相应，在希腊人和印度人发展了机械原子论的时候，中国人则发展了有机的宇宙的哲学。”① 对于李约瑟这种说法，爱因斯坦、普利高津等外国大科学家都表示认同。

在方法论上，中国哲学的贡献，恐怕不在形式逻辑方面，而在辩证逻辑方面。中国哲学家用两点论把握动态的宇宙画面，首先必须确立两个基本点。一个基本点是阴，另一个基本点是阳，二者相反相成，对立统一。阴阳观念是怎么提出来的呢？传说，伏羲画八卦，最早创立了阴阳两个基本符号。可是伏羲何许人，不可确考。传说他蛇身人首，神话色彩很浓，当然不足信；有人说他至少是公元前两万年的人物，也没有根据。我们不必详细地考证其人，认定阴阳观念在中国应用很早，恐怕没有问题。《周易·系辞上》写道：“一阴一阳之谓道。”中国哲学可以说就是关于阴阳之道的学问。一阴一阳两个符号相组合，构成太极，叫做“太极生两仪”。两仪是阴阳的别称。由两仪演化出太阳、少阳、少阴、太阴，叫做四象；由四象演化成八卦。伏羲画八卦的传说，反映出在中国哲学中阴阳观念由来已久。

为什么说阴阳是两个基本点呢？大体有三种解释。一种解释叫做“山体说”。山的南面为阳，北面为阴。另一种解释叫做“性别说”。人的性别有男有女，男性为阳，女性为阴。再一种解释叫做“蓍草说”。算卦用蓍草有两种，其中有一种蓍草中间有节，表示阴爻；有一种中间没有节，表示阳爻。阴阳观念涵盖面极广，既包含着人，也包含着物，被《易传》的作者归纳为“远取诸物，近取诸身”。

阴阳观念应当说是中国人辩证思维的萌芽，这个萌芽到后来慢慢

① 李约瑟：《中国科学技术史》第3卷，科学出版社1990年版，第337页。

就长成了大树。到公元前5世纪，也就是春秋时期，或者说老子和孔子所处的时期，中国的辩证法形成三种类型，分别以三位大师为代表，老子、孙子、孔子。他们奠立了中国辩证法思想的理论基础。三种类型的辩证法皆以阴阳为基本点，有大同，也有小异，各有自家的特色。道家讲辩证法，侧重一个“阴”字；兵家讲辩证法，侧重一个“阳”字；儒家讲辩证法，侧重一个“中”字。

二、 道家的贵柔辩证法

道家辩证法思想集中体现在《老子》中，核心理念是“贵柔守雌”。“贵”，就是推重的意思，“贵柔”就是推重“柔”，也就是推重阴。“守雌”是从“贵柔”中演绎出来的说法。“柔”相对于“刚”而言，“雌”相对于“雄”而言，都是重视阴的意思。在阴阳两个基本点中，老子十分看重阴，对于阳、刚、雄方面不怎么关注。他主张抱着“柔”或“雌”的心态，低调地为人处世，讲究“柔弱胜刚强”的策略。老子是中国讲辩证法的大师，其著作中到处都有辩证法的闪光。他的理论贡献，大体说来可以概括为以下三点。

第一，以大量的经验事实显示矛盾原则，初步揭示出矛盾双方相反相成的辩证关系。辩证思维的主要特征，在于从正反两个方面来看问题：从正面看它的反面，从反面看它的正面。辩证法的一个基本原则，就是揭示矛盾的普遍性，从矛盾关系看待事物的发展演化。对于这一基本原则，老子有清醒的认识，他采取比较方法，告诉人们这样一个道理：任何对立的判断，表面上似乎相反，其实相反形成，相互联系。离开一方，另一方也站不住脚。比如，什么是“美”呢？美相对于丑而言，如果不以丑为参照，谁能说清楚什么是美？丑的反面，就是美！如果没有丑作为比较，何谈美啊？所以，美必须以丑作为反衬。东北的二人转演员明白这个道理，把美丑相对的原则贯穿到演出实践中。两个演员一出场，那个女演员的扮相，一定很美；而那个男演员的扮相，一定很丑。赵本山每次出场，总是把自己弄成丑模样，那才有喜剧感。什么是善呢？善与恶相对而言：如果不以善为前提，也就无所谓恶。在老子看来，世界处处充满种种矛盾的现象：美和丑相反相成，善跟恶相反相成。由此推而论之，老子归纳出九十多对辩证的范畴。比如，“天下皆知美之为美，斯恶已；皆知善之为善，斯不善已。故有无相生，难易相成，长短相形，高下相倾，音声相和，前后相随。”（《老子》第二章）没有所谓“有”，就没有所谓“无”。“无”与“有”相互包含，“无”不是“不存在”，而是表达存在状态的特殊方式。当人们说兔子没有角的时候，那是相对于有角的山羊而言。“音声相和”中的“音”，指管弦乐曲奏出的有旋律的乐音，“声”指锣鼓钹发出的没有旋律的声音。两方面相互配合，才会形成强烈的乐感。难易、高下、前后、长短、进退、美丑、生死、刚柔、强弱、祸福、损益、贵贱、阴阳、动静、攻守、正奇，等等，皆构成相反相成的关系。总之，在这个世界上，到处充满了矛盾现象。老子把矛盾现象揭示出来，并不是渲染荒谬感，反而认为这是真实的、合理的、自然的事实。如果谁认为现实世界中没有矛盾，反倒不可理喻。

老子用大量的经验事实显示出矛盾的普遍性，可惜没有做出“矛盾是普遍的”的这样一种论断，没有上升到概念辩证法的高度。他也没有创造出“矛盾”这一辩证法术语。“矛盾”一词出自《韩非子》。《韩非子》中有这样一则寓言：有个买卖人夸自己卖的矛，可以戳穿任何盾；又夸自己卖的盾，无矛可摧。这时，有位看客问买卖人：用你卖的矛，戳你卖的盾，会怎样？买卖人无言以对。在韩非关于矛盾的说法中，并没有辩证法的意味，只是强调两个不相容的命题，不能同时都是真的。他讲的是形式逻辑中的矛盾律：你承认有无坚不摧的矛，就不能同时承认还有无坚不摧的盾。按照形式逻辑的矛盾观，矛盾就是思维的界限，有矛盾意味着思维的不可能。老子的矛盾观，显然不是形式逻辑的矛盾观，而是辩证逻辑的矛盾观。他认为，世界正因为充满了正反两极，才是真实的存在。人们要善于从两极对立转化的角度，来把握这个世界。有正就有反，有阴就有阳。阴阳构成一对最基本的矛盾。老子虽没有使用"矛盾"这个术语，却是中国哲学史上第一个揭示矛盾普遍性的哲学家。在辩证法方面，他迈出了第一步；正因为有了这一步，才为后来的哲学家概括出对立统一规律奠定了基础。从这个意义上说，老子是中国辩证法思想当之无愧的奠基人。

第二，揭示"反者道之动"的否定原理，表明矛盾的双方往往向自己的反面转化。谁都不希望自己遇上灾祸，却不懂"祸兮，福之所倚"的道理。当你身处困境的时候，恰恰是磨砺意志、增长才干的机会，能帮助你很快地成长起来，岂不就因祸得福了吗？反过来说，"福兮，祸之所伏。"（《老子》第五十八章）谁都喜欢享福，可是未必都懂得福也可能转化成祸的道理。现在有些"富二代"，用他爸爸的钱买个高级轿车，到处显摆，开在路上横冲直闯，结果惹了祸，把人撞死了，自己锒铛入狱。这不验证了"福兮，祸之所伏"的道理吗？关于矛盾双方的转化关系，老子概括出一条定律，叫做"反者道之动，弱者道之用。"（《老子》第四十章）甚至在人们的语言中，也存在"正言若反"的情形，也就是从反面来表达正面所表达不出来的意思。例如，形容"最直"的线条，如果只说"最直比直还直"，等于什么都没有说；若从反面来上一句"大直若曲"，也许更为达意。形容"最善辩的人"，从反面来上一句"大辩若讷"，也许最达意。"讷"的意思是说话迟钝。最善于辩论的人，不需要多说话，有"以不辩为辩”的本事。沿着老子矛盾的双方往往向反面转化的思路想下去，接下来的问题便是：怎样促使矛盾向对自己有利的方面转化？

第三，面对矛盾转化，掌握“以退为进”的应付原则，锤炼人生大智慧。老子提出的应付原则是：“知其雄，守其雌”“知其白，守其黑。”（《老子》第二十八章）这是一种辩证的生存智慧，不同于世俗之见。俗人通常会选择“雄”，而老子偏偏选择“雌”；俗人都奔那个白去了，老子偏偏主张守住黑。聪明人应当学会以退为进、后发制人。如果你一下就得到了白，而白的反面，就是黑啊，前途黯淡，怎么会有好果子吃呢？如果从黑起步，前途必将是白，一片光明，那才是明智之举。老子之所以推重“贵柔守雌”，理由很简单：处在下位，才会有发展空间；处在高位，怎么会有发展空间呢？老子告诫人们说，做人的智慧，在社会上立足的技巧，就是藏而不露、低调做事。老子用极为生活化的例子，生动揭示处在下位才有发展空间的道理。他说：“企者不立，跨者不行。”（《老子》第二十四章）人脚踏实地站着，随时都可以启动；如果翘着脚站在地上，似乎比别人高一截儿，可是你能坚持多久呢？不一会儿就累垮了，连站都站不稳，还能干成什么事情呢？两条腿总是处在“跨”的状态而不收回来，怎么可能行走呢？必须收回一条腿，才能把另一条腿迈出去。倘若不收回来，你肯定走不了路！老子用百川归大海为例，说明守柔居下的道理：“江海之所以能为百谷王者，以其善下之，故能为百谷王。”（《老子》第六十六章）大海处在最低处，才能成为江河的归宿；倘若把大海放到喜马拉雅山顶上，肯定不行。水流奔大海，海纳百川，这正是“雌”的优势之所在。守柔居下，从表面上看处于劣势，实际上处于优势，因为掌握了主动权，拥有了发展的空间。按照老子的主张，处理任何事情的时候都应当把握“贵柔守雌”的原则。与此原则相反的就是刚强原则。老子把刚愎自用、锋芒毕露叫做“刚强”，他

断言“强梁者不得其死。”（《老子》第四十二章）

老子的辩证法思想围绕着阴阳两点论中的“阴”展开，主张后发制人，主张效法水的柔弱。《老子》满篇充满对水的崇拜，如说“上善若水”。老子大概生活在平原地区，对水的感受很深。《老子》一本书中，没有出现“山”字，大概他没见过山。把水同石头比较一下，哪一个最硬呢？普通人肯定说石头硬。老子不这样看，认为水比石头硬，滴水穿石就是明证。他的看法符合辩证法，自然与众不同。真正的哲学家，一定会提出一些与众不同的看法；否则，他就不配称为哲学家。老子是真正的哲学家，他立足于“阴”，讲出了一番哲学道理，这个道理就是辩证法。

三、 兵家的尚刚辩证法

老子“贵柔守雌”的辩证法，主要“阴”字上做文章，讲出一番道理。老子主张做事要留有余地，不要太过分，力求在矛盾转化过程中取得主动地位。可惜这条原则被老子夸大了，因而他的辩证法思想有一些消极的味道。这种偏向在兵家那里得到纠正。与老子同处春秋时期的孙武子，写了《孙子兵法》十三篇，深刻阐发兵家辩证法思想。孙子讲辩证法，主要在“阳”字上做文章，以崇尚刚阳为风格，同老子崇尚阴柔正好相反。老子似乎是城府极深的政治家，而孙子则是一位能征善战的军事家。他结合战争实践，讲的是军事辩证法。在战争中，硬道理就是“两军相遇勇者胜”，孙子崇尚刚阳自然在情理之中。他的理论贡献，主要有以下三点。

第一，抓主要矛盾，使自己立于不败之地。战争中最主要的矛盾，就是敌我矛盾。指挥员所做的一切，无非是为了壮大自己、战胜敌人。怎么克敌制胜呢？孙子指出，最好的战略就是“不战而屈人之兵”。(《孙子兵法·谋攻篇》)谁能抓住这一条，谁才是“善之善者也”。(《孙子兵法·谋攻篇》)在开仗之前，指挥员既要看清楚自己，也要看清楚敌人：这叫做“知己知彼，百战不殆。”(《孙子兵法·谋攻篇》)仅仅做到这两条还不够，还得往旁边看，看第三方的动向。倘若你把敌人打败了，而自己的实力也消耗殆尽，恐怕未必是真正的胜利者，很可能让第三方捡了便宜。例如，在第二次世界大战中，真正的胜利者不是苏联，而是美国。指挥员必须要有这样的警觉：现在的友邻，将来很可能就是你的敌人。所以，在抓主要矛盾即敌我矛盾的时候，切不可忽略全面性原则。

第二，牢牢把握主动权，抓住克敌制胜的关键。在战争的舞台上，指挥员不但要学会做领导者，善于调动自己的部队；还要学会做引导者，设法让敌人听从自己的安排：这叫做“为敌之司命”。把握主动权很重要，“善战者先为不可胜，以待敌之可胜。”(《孙子兵法·形篇》)主动权掌握在手，才会有胜算；如果丧失主动权，处在被动状态，在战争的舞台上恐怕只能充当一个失败的角色。孙子给出了许多把握主动权的办法。比如，“敌佚能劳之，饱能饥之，安能动之。”(《孙子兵法·虚实篇》)怎么才能“饱而饥之”？偷袭敌人的粮库，把敌人的军粮烧光了，他还能饱吗？怎么才能“安而动之”？我方攻击了敌方不得不动的要害，他能不动吗？指挥员牢牢地把主动权掌握在自己手里，敌人即便在数量上占优势，也可以使之丧失战斗力，取得以少胜多的战绩。曹操在官渡之战中，先毁了袁绍军的粮草，然后打败了比自己强大得多的袁军，可以说是运用孙子兵法的一个范例。

第三，要善于运用灵活性原则，以实击虚，突破薄弱环节。指挥员要学会用脑子打仗，不能一味地蛮干。在与敌人交战的时候，要善于发现敌人的薄弱环节，采取“避其锐气，击其惰归”策略。指挥员应当时刻关注战场上的虚实变化。“虚”是指军队的薄弱环节，“实”是指军队的坚强之处。知己知彼，其实就是知实知虚。战争的胜负，不一定是军事力量的简单对比，经常会出现以少胜多的情形。以少胜多的诀窍就在于能够以我之实击敌之虚。至于如何做到以我之实击敌之虚，是一门战争的艺术。当敌人处在强势的时候，我不跟你打；当你松懈的时候，我抓住战机，一举获胜。孙子用水做比喻，对灵活性原则进行了这样的概括：“兵无常势，水无常形。能因敌变化而取胜者，谓之神。”（《孙子兵法·虚实篇》）老子以水做比喻，讲柔弱胜刚强的道理；孙子用水来比喻，讲灵活性的重要性。在孙子看来，水的特点就是遇方则方、遇圆则圆，最能体现灵活性原则。

孙子立足于阳讲军事辩证法，特别强调一个“活”字，或者说就是一个“灵”字。他主张灵活地处理战争中的矛盾，运用辩证的眼光审视战局，运用辩证的智慧处理遇到的各种问题。《孙子兵法》只给出智慧的指导，不是死规矩。蜀国大将马谡虽熟读兵书，可是不懂灵活性，以至于失街亭吃败仗。兵法运用之妙，就在于掌握辩证思维艺术，恰当地处理好战争中的一系列矛盾。

四、 儒家的执中辩证法

在阴阳两点论中，道家在“阴”字上做文章，兵家在“阳”上做文章，皆讲出了一番辩证法的道理。那么，儒家怎么讲辩证法呢？儒家不可能在任何一点上做文章，只能在两点之间的关系上，也就是在“中”字上做文章。儒家的辩证法思想的特点，在于把握“执中”原则，讲究中庸之道。

第一个讲中庸之道的哲学家是孔子，他说：“中庸之为德也，其至矣乎！民鲜久矣。”（《论语·雍也》）“礼乎礼，夫礼所以治中也。”（《礼记·仲尼燕居》）孔子所讲的中庸，有两层意思：一层是指最完美的人格，是对这种人格的赞扬；另一层是指辩证的思想方法，指最佳的度、最佳的状态。“中”是相对于“偏”而言，有排除片面性的意思。中庸之道的关键词，是个“中”字。什么是“中”？无法从正面讲清楚。道家讲“阴”的辩证法，兵家讲“阳”的辩证法，都可以从正面讲；而儒家讲“中”的辩证法，则没有办法从正面讲，只能采取“负”的讲法。儒家向来不从正面告诉你什么是“中”，只从负面告诉你什么是“不中”。你搞清楚什么是“不中”，对于“中”，自然就不言而喻了。

孔子找到两种关于“中”的讲法。第一种是排除法，从反面讲什么是“不中”，“叩其两端而竭焉”。把两个“不中”的片面性都排除掉，剩下的自然就是“中”。他在评价自己的弟子时，既批评“过”的倾向，也批评“不及”的倾向，结论是“过犹不及”。他虽没有正面讲“中”，却把“中”的诉求表达出来了。虽从负面讲，却取得了从正面讲达不到的效果。宋玉写了著名的《登徒子好色赋》。登徒子在形容美人的时候，用的就是中庸笔法。他没有从正面讲美人长得如何如何美，不用什么“柳叶眉、杏核眼，樱桃小嘴一点点”那一套笨拙的说法。他对美人的形容是：肤色增之一分则太白，减之一分又太赤，肤色正好。她不能再点红嘴唇了，点上就显得妖艳过分了；也不能拍粉了，拍粉又太白了。不粉不白，又粉又白，肤色中庸，恰到好处。身材增之一分则太长，减之一分又太矮，不高不矮。恰到好处。她不能穿高跟鞋，穿上就难看了，显得太高。总之，美人不粉不白，不高不矮。登徒子并没说她到底长什么样，但传达出来的信息，却是一个活脱脱的美人形象。国画中有一种手法，叫烘云托月：画月亮，不先画个圆圈，而是把月亮周围都涂上黑色，剩下空白，自然就是月亮。画家虽然没画月亮，画面上却出现一个月亮。孔子从反面讲

“中”，同这种方法类似。孔子对“中”的界定是“过犹不及”。既不要“过”，又不要“不及”，那就是“中”！《易传》上说“刚柔相济而生变化”，既不偏向于“刚”，也不偏向于“柔”，使用的也是排除法。

第二种讲法，就是采用“而不”句式。比如，什么是仪表方面的“中”呢？孔子的忠告就是“威而不猛”。做人要有威严，但你不能猛啊，猛就过分了。比如，你作为一位教师，没有威严，学生不把你当回事，肯定不行；但是你整天老是板着个面孔，似乎不会笑，那就过于“猛”了。这两种类型的教师，大概都不是称职的教师。除了“威而不猛”之外，还有“钓而不纲，弋不射宿”。钓鱼是可以接受的，但不能用那个密眼儿网把鱼孩子都打上来了，使鱼类断子绝孙。射个飞鸟吃，也是可以接受的，但不能掏鸟窝。如果掏鸟窝，那就太缺德了。把“而不”句式用到美学方面，就有“乐而不淫，哀而不伤”之说。“乐”大概指的是喜剧。喜剧使人高兴，但不能过分；如果过分了，那就会变得庸俗不堪。“哀”大概指的是悲剧。悲剧把美好的东西撕开给人看，但不能让人哭个不停。令人过分感伤的悲剧，恐怕不是成功的悲剧。

《易传》在解卦的时候，也是贯彻中道原则。《乾》卦由六爻构成，《易传》的作者解卦时，没有按一二三四五六的顺序排列，而是把六爻分成上卦和下卦。上卦有三爻，下卦也是三爻。什么是吉爻呢？就是下卦之中爻，或者上卦之中爻。从下往上排列，第一爻叫做“初九”。“初九，潜龙勿用”，这一爻不能算是吉爻，因为龙处在潜伏状态。“九二，利见大人”，这时龙已经出世，当然是个吉爻，比“初九”好了许多。至于“九三”，“君子终日乾乾，夕惕若厉”，就有点过分了，算不上吉爻。进入上卦以后，标志新的发展阶段。“九四”尚不到火候，算不上吉爻。“九五”“飞龙在天”，处在上卦之中位，也就是处在最佳状态，那才是吉爻。至于最后一爻，“亢龙有悔”，错过了最佳状态，走向反面，当然算不上吉爻。通过这样解卦，《易传》的作者把儒家中庸之道具体地展开了。儒家的中庸之道也是一种辩证法的思想，主张在矛盾关系中把握那个最佳的点，把握对立统一原则。曾经有些哲学理论工作者把中庸之道理解为搞均衡论、和稀泥，这种看法是错误的。

比较上述三种辩证法类型会发现，儒家的讲法有两个特色：一是善于把握中道原则，二是结合六爻阐述辩证思维。结合六爻讲辩证法，可以说是采用数学模型的方法讲，无异于对辩证思维做了模式化处理。通过对阴阳两爻变化的解释，通过对六十四卦卦爻辞的解释，辩证思维规律被生动地展现出来。就抽象思维水平而言，儒家的辩证法在三家中可以说最高。在先秦时期，道家、兵家、儒家从不同的角度充分展现辩证法的意涵，都取得重要的理论思维成果。这三种辩证法模式各有各的优长，各有各的理论特色，我们可以在生活中把它们融汇贯通。生活中，我们有时需要“阴”的智慧，你得想想道家是怎么说的；有时需要“阳”的智慧，你得想想兵家是怎么说的；有时需要“中”的智慧，你得想想儒家是怎么说的。三家都有值得我们发扬光大的辩证智慧，不能只偏于某一家。

五、 两一之辨

先秦以后的哲学家没有再创造出一种新的模式，而是把三种辩证法类型打通，探讨辩证法的核心和实质，围绕着对立与统一之间的关系做文章，围绕着如何把握对立统一规律做文章。在中国哲学中，把矛盾双方的对立关系叫做“两”，把矛盾双方的统一关系叫做“一”。围绕着两一关系问题，哲学家深入探讨辩证法的核心与实质。两一关系问题可以说是辩证法研究中的一个难题，至今仍不能说已经完全搞明白了，还有继续探讨的余地。这个问题处理不好，有可能背离辩证法的真精神，有可能产生两种偏向：或者片面夸大统一，忽略了对立；或者片面夸大对立，忽略了统一。中国古代哲学家对于两一关系问题的认识，大体说来有三种看法。

第一种看法，叫做“一分为二”。持这种看法的人，强调对立是主导面，强调“一”总是分为“二”的。典型人物就是北宋的理学家邵雍。他撰写《先天图》，用一个“分”字描述宇宙的演化过程。太极是一，演化出两仪，“一分为二”就开始启动：太极分成两仪，两仪又分成四象，四象又分成八卦……他的说法是：“一分为二，二分为四，四分为八，八分为十六，十六分为三十二，三十二分为六十四。”（《观物外篇》）“分”总是占据主导面。有了“二”，就有了矛盾；有了矛盾，就可以相互作用；有了相互作用，世界才会得到充分展现。按照“一分为二”的看法，有阴就有阳，有男就有女。这种观点强调矛盾的普遍性，具有合理因素，但是没有回答分成“二”之后，如何再统一起来的问题。所以，“一分为二”的讲法，固然有辩证法因素，但是也容易产生片面性：夸大矛盾双方之间的斗争、对立，而忽略二者之间的统一。对于“一分为二”的误解，有可能导致不良的理论后果，那就是只讲对立，而不讲统一，以至于陷入“斗争哲学”的误区。针对这种片面化倾向，从“一分为二”引导出一个反命题。

第二种看法，叫做“合二而一”。持这种观点的人，强调统一是主导面，强调“二”总是要合为“一”的。这个反命题的出现比较晚，是明末清初方以智提出来的。他在《东西均》中，提出了“合二而一”的命题。他指出，“二”不能总是处在对立的状态，矛盾双方交织在一起，进入综合的状态，这便是“合二而一”。举个例子说，茶水便是“合二而一”的结果。茶水由茶和清水两个要素组成，每种要素都是“二”中之一。当你把白水倒入到有茶的壶里以后，那就发生了变化：茶不再是原来的茶，水也不是原来的水，“合二而一”，变成茶水了。方以智由此得出结论：“一在二中，无非交也。”（《易余·孝觉》）“合二而一”说同“一分为二”说相比较，特色在于不以太极为辩证思维的逻辑起点，而是以太极为辩证思维的理想归宿。此说不是对矛盾实然展开的描述，而是对应然状态的展望；比较深刻地揭示出矛盾双方的内在统一关系，但也流露出夸大统一性的倾向。由“一分为二”说与“合二而一”说，又引出第三种看法。

第三种看法，就是把上述两种片面的辩证法综合起来，主张“二一并重”。这种看法是方以智的朋友王夫之提出来的。他说：“合二以一者，为分一为二所固有。”（《周易外传》卷五）王夫之的这种说法，应当说比较全面地表述了辩证法的核心与实质。“一分为二”是一种片面的辩证法，“合二而一”也是一种片面的辩证法，王夫之把二者结合在一起，形成了一种全面的辩证法思想。王夫之的辩证法思想，应该说是中国辩证法思想发展的一个最高峰。按照他的说法，合二而一者为一分为二所固有；反过来说，一分为二内在地包含着合二而一：这才叫做辩证的思维艺术。辩证法要求我们在对立中把握统一，在统一中把握对立。王夫之这种理解应该说是很深刻的，甚至可以说为一些现代人所不及。有些哲学理论工作者对“一分为二”和“合二而一”之间的关系弄不清楚，把二者对立起来，误以为讲“合二而一”是反辩证法的，只有讲“一分为二”才是合乎辩证法的。我国过去在“左”的氛围中，中央党校副校长杨献珍就因为对“合二而一”表示认同，竟然被戴上“反对马克思主义辩证法”的帽子，在“文化大革命”期间遭到多次批斗。“文化大革命”结束以后，我们终于意识到“合二而一”不能否定。如果否认这一点，一味地坚持

"分"，而看不到"合"，"分"过头了，"斗争哲学"就会大行其道。两个对立的方面，终究要走向统一，而统一就是和谐。把"一分为二"与"合二而一"结合在一块讲，这是王夫之的高明之处。令人遗憾的是，他的理论思维成果竟被当代一些哲学理论工作者忽略了。拨乱反正之后，现在我们终于发现：王夫之的看法，有不容忽视的学术价值。

六、问答互动

问：感谢宋老师给我们讲了精彩的中国古代哲学方法论课程。我的问题是：由于中国传统哲学方法论博大精深，讲究经世致用，我们可以说传统哲学方法论也是国学的一部分。在"国学热"的当下，我们如何使用传统哲学方法论，更好地解决中国当下社会发展中存在的问题？比如贫富悬殊问题、发展与环境的问题、社会阶层固化的问题等。谢谢宋老师！

答：中国的辩证法思想的方法论，只是一个指导性的原则，不是一种能够解决现实问题的灵丹妙药。我们从"合二而一""一分为二"并重的观点中，可以受到启发。比如在处理人与环境之间关系的问题上，目前流行一个词叫做"环境友好"，这就是一种和谐的观念，一种对传统哲学智慧的开发。这种观念怎么来的？那是现代人在被自然界教训以后得来的。近代以来，人不再像古代人那么谦和，变得十分狂妄。一会儿声称"征服自然"，一会儿声称"知识就是力量"。以为自己有力量了，跟谁干？跟大自然干嘛！那就是战天斗地。这个观念，现在看来是落后的，因为人跟环境不应该成为敌对的关系，而是"合二而一"的关系。现在讲"发展的可持续性"，讲"环境友好"，出现一群环保主义者，恐怕不是什么崭新的观念，因为中国哲学中早就有类似的观点。开发传统哲学思想资源，可以帮助人们重新认识人与自然的关系，化解人与自然之间的敌对关系，寻找到一种平衡点，追求一种和谐状态。“一分为二”与“合二而一”并重的思想，是中国哲学的精髓，是一个值得发扬光大的传统。

第五章
知行观专题

在中国哲学中，知识论与实践论结合在一起，形成特有的知行观专题研讨。哲学家通过知行观研讨，弘扬实事求是的哲学精神，形成重行的优良传统。

一、知行观释义

知行观是中国哲学一个特有的话题，在西方哲学中没有这种提法。 知行观涵盖西方哲学中的知识论或认识论，但不能划等号，因为它包含两个要素，一个“知”，一个“行”。“知”关涉知识论或认识论，而“行”则关涉实践论。在西方哲学中，从柏拉图开始，世界就被二重化了，以为有一个超越的理念世界，还有一个与之相对应的现象世界。按照这种世界观，知识源于理念世界，仿佛有一本“无字天书”，等待有缘人去读。在西方哲学中，知识论其实就是研究“无字天书”的读法，故而成为一个单独的话题。在西方哲学中，知识论和实践论分别是两个话题。康德的《纯粹理性批判》，以知识论为主题；而《实践理性批判》，则以实践论为主题。**由于中国哲学家不认同二重化世界观，自然不会把知识论当成单独的哲学话题，而是开辟了知行观论域。**

目前学术界关于中国传统哲学知行观的研究，仍存在一些误区。例如，有的研究者常常习惯于用研究西方哲学的认识论或知识论的方法研究中国哲学家的知行观；有的研究者常常把马克思主义哲学的认识论同中国哲学家的知行观简单地加以比较、对勘，专挑中国哲学的不是；还有的研究者由于受到“左”的思想影响，只把古代哲学家的知行观当作批判的对象，而缺乏科学的态度和同情的理解。采用这些方法，显然不能揭示中国哲学知行观的内容和实质。我们应当从中国哲学实际出发，研究知行之辨的特点、途径以及其现代理论价值。

知行观论域显然比知识论宽，其中既有“知”，又有“行”，并且把两方面紧密联系在一起。何谓“知”？中国哲学家的看法与西方哲学家不一样。在中国哲学家眼里，“知”并不是对“无字天书”的解读，只是找到“行”的导向。对“行”的方法、路线、目标有清楚的了解，那就叫做“知”。西方哲学所讲“知”通常是狭义的，限制在事实知识的范围内，一般指科学知识；中国哲学所说的“知”是广义的，既包含着关于事实的“知”，也包含着关于价值的“知”，不完全是一个知识的话题，其中也包括价值判断。价值判断不单单是对或错的问题，还有一个得当或不得当的问题。由于中国哲学所说的“知”涵盖价值判断，不可能选择西方哲学中那种主客二分的理路。用从客观到主观的思路，可以解释关于事实的知识如何形成，但解释不了关于价值的知识如何形成。价值是指客体对主体的有用性，不受客体性原则的限制。倘若脱离了主体性原则，根本就谈不上价值。价值的知识不能完全归结于客观事实，因其同作出价值判断的主体有密切关系。由于主体不同，对于同样的客观事实，可能做出不同的价值判断。在猫的眼中，鱼是最具食用价值的美味，但在狗的眼中就不一样了，狗总会想找根骨头啃。

中国哲学家通常把“知”分为两种类型。一种叫做“见闻知识”，也就是关于事实的知识；另外一种叫做“天德良知”，也就是关于价值的知识。知行观既涉及价值之知，也涉及事实之知，复杂性超过了单纯的知识论。中国哲学家探讨知行观，关注的重点显然不在“见闻之知”，而在“天德良知”。关于“见闻之知”，中国哲学家通常会用经验论来解释；至于“天德良知”，往往会用先验论来解释。例如，张载认为，“天德良知”来自“大心”，与“见闻之知”无关。

中国哲学中的“行”，是指人的所有行为实践的总和。从字面上看，“行”由“彳”和“亍”两个字合并而成，意思就是“走在路上”。引申开来，“行”包含着践履、行动、探索、活动等意思。“行”包含着人的目的性，对于目的性的清楚了解和定位，就是“知”。所以，在中国哲学中，“知”离不开“行”，“行”也离不开“知”。中国哲学家往往把“知”和“行”相提并论，以“知”为契入点，以“行”为归宿点。中国哲学家特别关切知对于行的有用性，对“纯粹理性”的兴趣，显然不像西方哲学家那么浓厚。

西方哲学家特别重视“知”，而不管其是否有用，从而形成“为知识而知识”的传统。 在西方哲学家眼里，“知”就是“知”，何必与“行”挂钩？赫拉克利特有一句名言：“让我知道一个恒星的道理，叫我做波斯王都不干。”为什么要知道那个恒星的道理呢？赫拉克利特不抱任何实用的目的，仅仅是为了满足好奇心而已。“哲学起于好奇”的说法，适用于西方哲学家，不适用于中国哲学家。如果让中国哲学家在“当波斯王”和“知道恒星的道理”之间做出选择，恐怕会选择前者。“当波斯王”有多实惠，而“知道恒星的道理”有什么用处呢？追问“知”有什么用，这是中国式的提问方式，不是西方式的提问方式。欧几里得几何学认为两点之间直线最短，点动成线，线动成面，面动成体，这套说法都是抽象的学理，并不跟任何具体的生产活动相联系，也不同任何效用相联系。西方学者编写《植物学概论》，特别注意分类和命名。中国哲学家不会认同这种“为知识而知识”的态度，或许会问：仅仅知道植物叫什么名，有何用处？关键在于了解每种植物有什么用处。王充说：“入山见木，长短无所不知；入野见草，大小无所不识，然而不能伐木以作室屋，采草以和方药，此知草木所不能用也。”（《论衡·超奇》）中国学者不会热心于编写什么《植物学概论》，却肯用心编写大部头的《本草纲目》，把每种植物的药用价值写得清清楚楚。

探讨知行观是实事求是哲学精神的具体展开。所谓“实事”，指的是人干的事；人干的事，用一个字来说，都叫做“行”。所谓“是”，其中就有“知”的意思。“知识”这个词是外来语，来自佛教，在古汉语中没有出现，“是”也有“对”的意思，不仅关涉知识论域，同时也关涉价值论域。“是”还有“真理”的意思。“真理”也不是本土词汇，也来自佛教。在佛教传入之前，古人关于真理的表述，只用一个“是”字。“是”有“正确”“真理”“知识”“对”“恰当”等诸多意思。从“用”的角度看，“是”最主要的意思为“恰当”，为“恰到好处”，能带来实践效果。何谓“是”？何谓“非”？实践效果才是唯一的检验标准。**在中国哲学中，认识与实践、知与行之间相互关系的问题，是一个非常重要的理论问题。**对于中国哲学中知行观的提法，毛泽东也表示认同。他的哲学代表作《实践论》，副标题就是“论认识和实践的关系——知和行的关系”。“认识与实践”，是马克思主义哲学话语；而“知与行”，则是中国哲学话语。《实践论》既是接着马克思、列宁讲的，也是接着中国哲学的传统讲的，并且把两方面有机地整合在一起。

二、重行传统肇端

中国哲学的重行传统发端于原创时期，也就是发端于先秦时期。在先秦时期，儒、墨、道三家在许多问题上看法不一致，存在着分歧。但是，在重行这一点上，在务实的诉求上，观点大体一致，并没有原则分歧。他们以各自的方式，表达出明确的务实诉求。

儒家学派的创始人孔子认为，一个人只有把“知”落实到“行”的层面上，才可算有真学问。“知”作为学问来说，其实就是一种操作能力，并不是写在书本上的文字。例如。怎样才算掌握了《诗经》中的真学问呢？孔子指出，仅仅把三百篇诗都背得滚瓜烂熟，也不算数，关键在于能否学以致用。他说：“诵诗三百，授之以政，不达；使于四方，不能专对，虽多，亦奚以为？”（《论语·子路》）真正懂得诗学的人，不是那种只会背诵诗句的书呆子，而是那些能够把诗句变成施政技巧的高手。他善于从诗句中提炼出一种施政的理念，“授之以政”；善于运用诗句做外交辞令，“使于四方”，不辱使命。在古代，学习诗歌不完全是一种文学上的享受，也是一种外交技巧的训练。在外交的场合下，谁能够恰当地引经据典，谁方显出使者有文化品位。孔子并不要求学生背死书本，而是要求学以致用。他以好学习闻名于世，主张“学而时习之”（《论语·学而》），“敏而好学，不耻下问”（《论语·公冶长》），“每事问”（《论语·八佾》）、“发愤忘食，乐以忘忧”（《论语·述而》），“听其言而观其行”（《论语·公冶长》），“君子耻其言过其行”（《论语·宪问》），“知之为知之，不知为不知，是知也”（《论语·为政》），“三人行，必有我师焉；择其善者而从之，其不善者而改之”（《论语·述而》）。孔子的这些名言警句对于培养中国人好学务实精神发挥了巨大作用，经常被人们引用。

对于儒家重行的诉求，荀子讲得更透彻。他认为任何知识都来自经验，来自对外界事物的认识。他说：“凡以知，人之性也；可以知，物之理也。”（《荀子·解蔽》）人是认识主体，有认知能力；物是被知的对象，具有可以被人所知的道理。知识的形成过程就是“以可以知人之性，求可以知物之理”（《荀子·解蔽》）。荀子特别强调的是：人的知识和才能必须与客观事物相符合。他说：“所以知之在人者谓之知，知有所合谓之智。智所以能之在人者谓之能，能有所合谓之能。”（《荀子·正名》）人的智慧和才能一点也不能脱离客观事物，倘若脱离了客观事物，不可能获得任何知识（其中包括关于道德价值的知识）。基于经验论原则，他对行高度重视。他说：“不闻不若闻之，闻之不若见之，见之不若知之，知之不若行之，学至于行之而止矣。行之，明也。明之为圣人。”（《荀子·儒效》）荀子采取层层推进的论述方式，把“行”置于最高档次。荀子把“行”视为检验“知”的标准，视为求知的目的，认为“知”必须服务于“行”，“行”比“知”更为重要。如果脱离了“行”，“知”没有任何意义，没有任何价值。《大学》继承荀子重行的思想，进一步把“行”明确地界定为修身、齐家、治国、平天下等四大实践活动。

墨家也有十分强烈的务实诉求，主张“取名以实”。“名”是指关于知识的文字或语言的表述，而“实”是指运用知识的实际能力。名副其实，才算有学问；徒有其名，没有其实，不算有学问。举个例子说，有视觉障碍的人没有关于黑白的学问，不是说他不会说黑或白两个字，而是说他没有能力把黑的物件同白的物件区别开来。墨家特别看重行，特别看重效果。墨翟主张“以名取实”，把客观事实摆在首位，强调认识是对客观事实的反映。他指出，看一个人是否有真学问，不能只听他怎样说，更重要的是看他怎样做，看他言行是否一致。“言足以复行者常（同尚）之，不足以举行者勿常（同尚）。不足以举行而常（同尚）之，是荡口也。”（《墨子·耕柱》）他讨厌言行不一、脱离实际、夸夸其谈的人，把这种只会说空话的人叫做“荡口”。用现在的话说，就是耍嘴皮子。后期墨家继承和发展墨翟的经验论认识路线，并且作了更为深刻的论述。《墨经》指出，认识能力是人本身固有的才能，“知，材也”。（《墨经·经上》）《经说上》进一步解释说：“知也者，所以知也，而必知，若明。”意思是说，一个人有认识能力，并不等于有知识。他必须同实际事物接触，在认识过程中获取知识。在这个意义上，《经上》强调："知，接也。"展开来说："知也者，以其过（同遇）物，而貌之，若见。"用眼睛看东西，必须实际去看，才会获取知识；如果闭着眼睛，什么知识也得不到。

墨家的求知范围比儒家还宽，不单从书本上求知，还要从生产实践中求知。墨翟既是"知"的高手，也是"行"的高手。据《韩非子》，墨子制作的木鸢，可以在天上飞三天，都不会落到地上。墨子可以算得上中国最早制作风筝的高手。不过，现在用纸糊风筝比制作木鸢要容易得多。墨家认为，"行"是人的本质特征，"赖其力而生"就是人的生存方式，人必须学会"强力以从事"，把知识化为一种生存能力。

人们对于道家往往有一种误解，以为道家只在那里"坐而论道"，其实不然。道家的务实诉求，不在儒墨两家之下。道家的创始人老子明确地反对人们把"道"只当成言说的话题，要求人们在实际行动中时时刻刻都以"道"为指导原则。这就是说，"行道"比"论道"重要得多。老子反对坐而论道，提出"绝学无忧""绝圣弃智""知者不言，言者不知"等一系列论断。道家并不把"道"仅仅当成认识对象，而是当成实践对象。行道的关键，不在于嘴的功夫，而在于能否在行为实践中自觉遵循"道法自然"的原则。由此反映出，道家也是务实的学派。道家也十分讲究做事的效率，尤其是行政的效率。老子说："治大国若烹小鲜。"治理一个大的国家，应该像煎小鱼儿一样，需要小心谨慎，不可胡乱折腾。在煎小鱼儿时，只煎一面而不翻个行吗？这一面就煎糊了，那一面还生着呢！所以，你得有所作为，你得翻个。但是，你总翻个，非把鱼翻碎了不可，也会事与愿违，跟不翻个的效果是一样的，仍然会把事情弄得一团糟。"治大国若烹小鲜"的意思是说，执政者推出政策，要恰如其分，要恰当其时；不能不作为，也不能乱折腾。不知道美国的里根从哪里学到了老子这句话，竟在总统就职演说中引用了，给他的施政理念增加了几分道家的色彩，并且收到很好的效果。有些美国人说，近年来的几届总统，哪一个都不如里根。为什么里根时代被人看成是政治、经济发展得都比较好的时期呢？可能同他吸收了老子“治大国若烹小鲜”的政治智慧有关。庄子用寓言的方式表达了重行的诉求，这个寓言故事就是庖丁解牛。这则寓言只讲庖丁是怎么做的，没有讲庖丁是怎么说的。庖丁只干不说。他在“行”中体现出“由技进于道”的高超，把解牛当成一种艺术的享受。被庖丁所解之牛霍然倒地，庖丁提刀而立，踌躇满志。道家主张“悟道”“行道”，要求人们把“道”体现在行为实践中，至于“道”的语言表述，并不重要。“道”是自己在实践中摸索出来的，不是向什么人学习得来的。庄子笔下的庖丁，有高超的解牛技术，但绝不会写什么《牛体解剖学》，也无意向他人传授解牛之道。

三、 重行传统弘扬

在汉代初年，重行传统虽一度受到冷落，但没有中断。董仲舒对重行传统重视不够，有重视书本知识而轻视实际操作的倾向。他把主要精力用于整理儒家留下的文化典籍。他读书颇专心，一般不会走出书斋，留下“三年不窥园”的典故，为后世读书人乐道，被视为专心读书的楷模。他留给人们的印象，似乎是一个书呆子。在董仲舒的引领下，皓首穷经成为一时的风气。一些儒生只想在故纸堆里讨生活，“两耳不闻窗外事，一心只读圣贤书”。他们把读经书看得过重，有一种忽视实践、忽视实行的倾向。不过，这种重知不重行的倾向，并不代表中国哲学的主导诉求。

总的来看，重行传统在汉代以后依然得到延续。许多哲学家都对重行传统表示认同。扬雄（前53–18）认为，学习和掌握知识，乃是人有别于禽兽的一种特质。他说："人而不学，虽无忧，如禽何！"（《法言·学行》）如果一个人不肯学习，那跟动物还有什么两样？他强调，"学"的范围并不仅仅限于书本知识，还应当在生活实践中总结出新知识。如果一个人善于学习和掌握有用的知识，他会变得越来越聪明；如果不善于学习和掌握有用的知识，只是死抠书本，他将变得越来越愚蠢。扬雄说："多闻见而识乎正道者，至识也；多闻见而识乎邪道者，迷识也。"（《法言·寡见》）学习的目的是为了更好地指导行为践履，不能只埋首于故纸堆；应当学行并重，"强学而力行。"（《法言·学行》）刘向（约前77–前6）也认为，学习应当是多方面的，其中包括目见、耳闻、足践、手辨等项目。在这些项目中，后项都比前项重要："耳闻之不如目见之，目见之不如足践之，足践之不如手辨之。"（《说苑·政理》）最后一项是"手辨"，即运用所学到的知识实际动手操作，解决实际问题，这才是最重要的一点。

东汉初期的王充，他进一步发展了重行的思想，把"行"提到了首要的位置。他认为，人的一些知识都源于"行"，源于经验。一个人学问的大小，不在于他掌握了多少书本知识，而看他有没有做事的能力。如果一个人只有书本知识，没有动手做事的能力，在王充看来同学舌的鹦鹉没有什么两样。鹦鹉能学人说话，但不懂话的意思，更不能照着话中的意思做事。一个有真知灼见的人，绝不能像鹦鹉一样光说不练。人的知识既来自书本，也来自实践，后者更为重要。王充在一定程度上看到劳动实践在认识过程中的作用，他说："齐都世刺绣，恒女无不能；襄邑俗织锦，钝妇无不巧。"（《论衡·程材》）齐都、襄邑等地方的姑娘们那双擅长刺绣或织锦的巧手，并不是天生的，而是在长年累月的实践中练出来的。如果在实践中坚持长期的、刻苦的练习，笨姑娘也会练出一双灵巧的手；反之，不肯参加实践，再聪明的人就连最简单的事也做不好。由此可见，真知识、真本领都来自实践，而不是仅靠读书就能够获得的。他把理论学说比作弓矢，强调“学贵能用”。射出的箭能射中目标，才算是好射手；能用理论学说解决实际问题，才算有真才实学。人们掌握知识，不是为了卖弄，而是要运用到实践中去，化知识为能力。“人有知学，则有力矣。”（《论衡·效力》）知学本身不是目的，只是手段；目的在于用知学指导行。他的这句话同培根“知识就是力量”的说法近似，但比培根早说了一千多年。

有意思的是，中国哲学中重行的传统，在禅宗中的南宗那里也得到了发扬。禅宗是中国化的佛教，跟印度佛教的路数不一样。二者有明显的区别。印度佛教把“知”看得很重，要求信徒用心读佛教经典，从佛经中领悟佛性。读佛经是成佛的必由之路，如果不读佛经，那还算什么和尚！可是禅宗和尚偏偏不看重读佛经，并且有自己的理由。慧能指出，佛性根本就不在佛经里面，而在人的本心之中。因此，你无论读多少经书，如不向本心探求，仍然不能悟得佛性，永远也成不了佛。怎样才能成佛呢，按照禅宗的观点，不能走向外的路线，只能走内求的路线，通过生活实践悟出心中的佛性，顿悟成佛。顿悟跟读多少佛经，没有必然联系。想通过读佛经成佛，那是枉然，因为佛经中并没有佛性；利根人不读佛经，或许听到一两句话佛经上的话，便突然开悟，立地成佛。在禅宗眼里，生活实践就是宗教实践，能在日常生活实践中悟出“佛无所不在”的道理，那你就成佛了，不必在经书里讨生活。

南宗号称为禅宗，其实并不主张坐禅修行。坐禅是指和尚打坐修行，原本是和尚必不可少的功课。可是在南宗看来，做此种功课毫无必要，仅靠坐禅并不能成佛。成佛是悟出来的，不是坐出来的。有位著名的禅师，名叫马祖道一。他看到有位和尚坐禅，便在他身边拿一块砖磨。

坐禅的和尚好奇地问："您磨砖干什么呢？"

马祖道一回答："我要用砖磨出一面镜子。"

坐禅的和尚被逗笑了："镜子是用铜磨出来的，磨砖怎么可能磨成镜子呢？"

马祖道一抓住机锋，立刻反问一句："我磨砖不能够磨出镜子，难道你坐禅能够坐成佛吗？"

在这段公案中，马祖道一的意思是，成佛与否并不取决于如何坐禅修行，有多么用心，也不取决于能背诵佛经的数量，全看你能否从内心深处领悟到佛性。这种领悟，不需要采用单独的宗教实践，在日常生活实践中就可以完成，在"行"中就可以完成。禅宗南宗既不主张坐禅，也不主张读佛经，贯彻了一条"行中求佛"的中国式路径。《六祖坛经》故意把慧能描写成是一个不识字的和尚。慧能自述，我虽然不认识佛经上的字，但对佛经中讲的道理，比那些识字的人，领悟得更到位。禅宗主张顿悟成佛、行中得知，反对一味地在佛经中讨生活。如果谁指望从佛经中学到佛性，他就像米箩筐中的饿死人，就像被水淹死的渴死汉。如果你只坐在米箩筐里，却不肯张开嘴吃饭，怎么会不饿死呢？如果你泡在水中，却不肯张嘴喝一口，怎么会不渴死呢？吃饭、喝水这都是我所参与的"行"啊，倘若缺少了行，怎么会有收获呢？禅宗用"骑驴找驴"讽刺那些向外求佛的人。佛性本来在你心中，你不知向内求，偏偏向外求，同骑驴找驴有什么两样？印度佛教的修行途径主要有两条：一条叫做"观"，也就是读佛经；另一条叫做"止"，也就是坐禅。禅宗的南宗把这两条都否决了，既不念佛经，也不打坐，把佛教的修行方式全都颠覆了。那么，和尚干什么事情呢？回到生活实践中去！你可以担水砍柴，在劳动实践中领悟到“担水砍柴，无非妙道”；你可以舞枪弄棒，在习武实践中领悟庄严佛性。

四、知行之辨

从先秦到汉唐，哲学家已经把重行思想讲到位了，形成中国哲学重行的传统。不过，关于知行关系的深入研讨，却出现在宋代以后。知行之辨是宋明理学家十分关心的一个理论问题。知和行毕竟是两个要素，两个要素就存在一个关系问题，需要判定孰先孰后、孰轻孰重。对于知行关系问题，宋明理学家的看法不一致，大体来说有以下四种看法。

第一种看法叫做“知先行后”说，提出者是程颐。他认为知在先，行在后。为什么这样说呢？他的理由是：知是行的先导，倘若没有知，行也就无从谈起。比如，你首先得知道自己要干什么事，这就是知；知道想干什么事，然后你才能去干那件事，这才是行。他举个例说，我想从洛阳到京师，也就是从洛阳到开封，第一步是确立目标，而确立目标属于知，可见知在先；然后还得选择去京师的办法，徒步呢？还是坐车去？这也属于“知”的范围。有了这些“知”，然后才可以成“行”。在汉语中，“知”字可以做两种解释：可以解释为“知觉”，也可以解释为“知识”。如果把“知”仅仅解释为“知觉”的话，“知先行后”说不算错误。在清醒的情况下，人的任何活动都受到知觉的支配，都是有意识的活动。如果把“知”解释为“知识”，“知先行后”说恐怕有先验论之嫌。此说没有揭示知识源于实践的道理，对行的重视程度显然不够。

朱熹修正了先师的意见，提出第二种看法，叫做“知轻行重”

说。在“知觉”的意义上，他不否认知先行后；但在“知识”的意义上，他有所补充。他说：“致知力行，论其先后，故当以致知为先；然论其轻重，则当以力行为重。”（《朱文公文集》卷十五）朱熹已经对“知先行后”命题做了淡化处理，强调知识和行动构成相辅相成关系。他认为行在重要程度上超过了知，重申了重行传统。“行重知轻”说还有“知行相须”的意思，承认二者之间存在着不可分割的辩证关系。知行关系同眼睛和双脚之间的关系相似。没有眼睛看路，脚不知道往哪里走；没有脚走路，光用眼睛看，也无济于事。眼睛和双脚“相须为用”，才是最佳配置。实际上，知与行密不可分：没有离开知的行，也没有离开行的知。他的妙喻是：犹如鸟之双翼，车之两轮。在鸟的两个翅膀中，其中一个如同知，而另一个如同行。只有两个翅膀同时起作用，鸟才飞得起来。在车的两个轮子中，如果只有一个轮子动，另一个轮子不动，那车子也就走不了。康德说：“概念无经验则空，经验无概念则盲。”朱熹关于知行相须的看法，同康德的说法有些相似。朱熹提出“知轻行重、知行相须”的观点，已经把知行关系拉近了，并且把行的重要性突出出来了，但是毕竟没有否定知先行后说。对知先行后说的直接否定，来自于陆王派，来自于王阳明。

王阳明提出第三种意见，叫做“知行合一”说。“知行合一”的意思是说，知行没有先后之别，知是“一念发动处”，而“一念发动处”也就是行了。知行不过是一个工夫的两个方面：知离不开行，行离不开知。王阳明常用的例证是“如好好色，如恶恶臭”。一个人见到美的颜色，这叫做“知”；而喜爱美的颜色的心情油然而生，那就是“行”了。在这里，知和行同时发生，没有先后之分，可见构成“合一”关系。王阳明所说的“知”，有模糊性，并没有把“知觉”与“知识”区别开来；所说的“行”，也有模糊性，没有把生理活动与行为践履区别开来。他强调知行合一，固然有弘扬重行传统的意思，但无法同先验论划清界限。“知行合一”说中的“知”，有时用来指“见闻之知”，有时用来指“天德良知”。如果是指“天德良知”，“知行合一”说强调价值判断的主体性原则，倒是可以成立的。价值判断的主体是群体，而不是个体。相对于个体来说，价值判断的确有先验性。如果用来指“见闻之知”，“知行合一”说就难以站得住脚了：倘若没有见闻，没有经验，怎么可能会有“知”呢？

“知行合一”说还有一个致命伤，那就是把知和行等同起来。把知和行做截然的划分，固然是一种理论偏向；但是把二者等同起来，恐怕也是一种理论偏向。倘若把知行等同起来，可以把重心转向行，也可以把重心转向知。王阳明尚能把重心放在“行”这一方面，发扬重行传统，肯在“事上磨练”，干出一番事业，为后人称道；可是阳明后学却把重心转向“知”这方面，偏离了重行传统。他们只会在方寸上做文章，竟成了一群无用的废人。明朝灭亡后，有这样两句诗很流行：“平时袖手谈性命，临危一死报君恩。”就是对阳明后学的讽刺。在国难当头之际，他们拿不出一点真本事，只有送死的份儿。在血的教训面前，必须重新审视“知行合一”说，力求用新理论取而代之。新理论的提出者就是王夫之。

大明王朝被清朝取代之后，王夫之作为前朝遗民，痛定思痛，觉得“知行合一”说有必要在理论上加以矫正，遂提出第四种意见，叫做“行先知后”说。他所说的“知”，只有“知识”的意思，没有“知觉”的意思；而且是狭义的，仅指“见闻之知”。他不认同先验论，始终坚持经验论立场。他提出“行先知后”说，一方面针对“知行合一”说而言，反对把知行混为一谈；另一方面也是“知先行后”的反命题，强调“行”的首要性。王夫之指出，行具有知不可替代的品格，“行可以兼知而知不可以兼行”。（《四书训义》卷二）

他只承认知行之间存在着“兼”的关系，但反对把“兼”夸大为“合”。如果像王阳明把“兼”换成“合”，带来的严重后果就是“消行以归知”，把“行”的首要位置给取消了。王夫之不但重新把“行”置于首要位置，还明确地把“行”界定为实践。他说：“知之尽，则实践之而已。实践之，乃心所素知，行焉皆顺，故乐莫大焉。”（《张子正蒙注·至当篇注》）把实践的概念引入知行观讨论，毛泽东并不是第一人，在毛泽东以前，在王夫之那里，就出现了“实践”的提法。我们有理由说，毛泽东的《实践论》既是马克思主义哲学的发展，也是中国哲学的发展，尤其是王夫之行先知后原则的进一步发展。毛泽东和王夫之都是湖南人，都是湖南人的骄傲，他们之间存在思想联系毫不奇怪。王夫之的“行先知后”说，同马克思主义哲学中“实践观点是首要的、基本的观点”的说法是相通的。从这一点来看，中国哲学知行观是马克思主义哲学实现中国化的一个重要的理论来源。所谓马克思主义中国化，就是既坚持马克思主义的基本原理，又同中国实践相结合，还同中国固有哲学中的优良思想传统相结合。通过毛泽东的阐发，中国哲学知行观焕发出新的活力，成为有用的、活的思想武器，帮助中国共产党人找到了实事求是这样一种反对教条主义的利器。我们不能做某种教条的信徒，必须坚持实事求是原则，坚定不移地把行放在首位，贯彻通过行获取知的认识路线。行先知后的知行观为实事求是精神提供强有力的论证，是先哲留给我们的一笔丰厚的遗产，值得我们珍惜，值得我们发扬光大。历史已经证明：当我们贯彻实事求是思想路线时，我们的事业就顺畅发展；当我们背离实事求是思想路线时，我们的事业就会停滞不前。

五、问答互动

问：宋老师，您好！在最开始的时候，哲学都是富贵人的学问，都是一些地位显赫的人去研究哲学，西方哲学、中国哲学都是这个样子。每种哲学都面临着一个重大的问题，即大众化的问题。关于马克思主义哲学，在新中国建国之初艾思奇曾经写了《大众哲学》，使马克思主义哲学能够在很短的时间内为广大民众所了解。我想，中国哲学肯定也面临着这样一个问题，不能光成为象牙塔里面哲学家们的盛宴，或者高等学校的学生自己独自享受的盛宴。那么，如何使中国哲学实现大众化呢？我想，宋老师肯定有这方面的思考，学生想听听您在这方面的见解。

答：我不太同意你做这样的概括。中国哲学从来不是西方人所说的那种“闲暇的学问”。在西方，有“哲学起于闲暇”“哲学起于好奇”之类的说法，中国哲学恐怕不是这样。中国哲学在起步的时候，就是为了解决中国实际的政治问题，思考如何使混乱的局面得到摆脱的问题。中国哲学起步于春秋时代，而春秋时代是一个“天下无道”的时代。如何变无道为有道？这是哲学家关切的现实问题。中国哲学为什么重“行”？因为它在起步阶段，没有把哲学看成是“闲暇的学问”，并非出于好奇，不是这样。所以，中国哲学在起步阶段就有亲近民众的倾向。在中国哲学中，不光讲官方的话语，也有对大众精神安顿的关切。比如，孟子讲：“富贵不能淫，威武不能屈，贫贱不能移。”对于这三句话，你仔细体会体会，第一句话“富贵不能淫”，显然是对富贵者讲的，那后两句话呢？都是对小人物讲的。只有对贫贱者才能说“贫贱不能移”，而对于富贵者来说，岂不是废话！“威武不能屈”那也是对小人物讲的，对大人物不存在这种问题。如何把中国哲学精神传达到民众层面，应该说哲学家早就努力在这样做。所以，对于中国哲学来说，并不存在着一个脱离群众然后再回到群众中的问题。中国哲学这种优良传统被教条主义者破坏了，马克思主义哲学也被他们曲解了，所以才出现你提出的问题。能否把苏联的哲学教科书等同于马克思主义哲学的范本？恐怕不尽然。我觉得，马克思主义哲学一些基本的提法，跟苏联教科书中的提法差别很大。我们课堂上讲的马克思主义哲学原理还没有完全摆脱苏联教科书。我只认同马克思在费尔巴哈论纲讲的那十几条，那才是马克思主义哲学的真精神，可惜苏联哲学教科书体系没有按照那个思路来写。马克思主义哲学如何大众化的问题，何为马克思主义哲学精神的问题，我觉得有重新思考的必要。至于苏联哲学教科书能否体现马克思主义哲学的真精神，我现在还不能下结论，只是有些怀疑。中国哲学有任何外来哲学所不可比拟的优势，那就在于它扎根于我们民族的生活实践。我们学习中国哲学，并不是要求把古人的某些言论一字不漏地背诵下来。如果不同我们当下的实践相结合，背诵下来也没用。借用孔夫子的话说，“诵诗三百”，你得善于“授之以政”，善于“使于四方”。我们不能把中国哲学看成某种教条的汇编，而应当利用古人留下的思想材料，来打造属于我们自己的精神世界。这恐怕才是大众化、民族化、时代化的题中应有之义。

第六章 价值观专题

中国哲学研究宇宙论，研究本体论，研究思想方法论，研究知行观，最后归结到价值问题。以价值观为归宿，使“以人为本”和“内在超越”哲学精神得以充分体现，并且形成一种优良传统。归根结底，中国哲学的宗旨在于为中国人指示出有民族特色的价值取向。

一、价值观释义

哲学关切宇宙的奥秘，关切知识的奥秘，也关切价值的奥秘。在哲学上，价值是指客体对于主体的有用性。在知识论领域，客体性原则为主导，知识乃是主体对于客体的正确反映；在价值论领域，主体性原则为主导，价值乃是主体对于客体的选择。西方谚语说：“驴子宁要稻草，不要黄金。”稻草对于驴子来说，可以填饱肚子，而黄金毫无用处。我们通常说的“自然灾害”，乃是从人的角度作出的价值判断；若从自然界本身看，无所谓灾害。价值评判的主体是群体，而不是个体。如果一个人只是自己觉得自己长得美，而别人皆不认可，恐怕算不上美。价值评判取决于群体的共识，群体选出来的美人，才算数。迄今为止，人类尚未形成统一的社会，因而不存在什么“普世价值观”。各个民族作为特定的群体，其价值观总会打上本民族的烙印。

在价值观方面，中国哲学有一个基本的观点，那就是认为价值的根据不在彼岸世界，就在此岸世界，主张在天人合一中寻找价值根源。用比较晦涩的话表述，就是强调价值的此岸性，选择内在超越的取向。这正是中国哲学的最大用处。“用”在何处？就是起着价值导向的作用，鼓励人们追求“真、善、美、圣、群”五个价值目标。也许有人问：学习中国哲学有什么用？我们可以借用庄子的话来回答，叫做“无用之大用”。学习中国哲学，对于你从事具体职业，对于你成为某种人，显然没有多大帮助，可以叫做“无用”；但可以在精神上给你以指导，帮助你树立正确的价值观，帮助你成为一个堂堂正正的人，这就叫做“大用”。“做人”是“做某种人”的前提，所以叫做“无用之大用”。诚如伟大的物理学家爱因斯坦指出的那样，仅仅靠知识和技能并不能使得人类获得快乐而又有尊严的生活。虽然通过专业教育可以使人成为一部有用的机器，但不能造就和谐的人格。他强调，学生必须对美和良好的道德有深切的感受，倘若仅有专业知识，不过更像是一条经过良好训练的狗。

中国人的精神世界，可以不靠宗教来支撑，但不能不靠哲学来支撑。在我们中华民族这样一个世界上最大的社会群体中，宗教的价值观的影响力不大，不占据主导地位。在十三亿中国人当中，信教的是少数，至于在汉族人中间，那就更少了。在办出国手续时，表格中要填写“宗教信仰”，许多中国人对此很犯难：填什么呢？有的人随意填上“儒教”。其实，在中国根本就没有所谓儒教。儒学是哲学，并不是宗教。中国人的价值世界，不是靠宗教观念支撑起来的，而是靠哲学理念支撑起来的。这种哲学理念，主要由儒、道两家共同打造而成。中华民族是世界上独一无二、绝无仅有的一个非宗教的民族。大多数中国人虽不信奉宗教，但不等于说没有信念。这种信念靠中国哲学所提供的价值理念来维系。概括起来说，在中国哲学的指导下，中华民族价值取向，定位于以下五点。

二、真的取向

在中国哲学的指导下，中华民族选择的第一个价值目标，就是求真。那么，什么是真呢？怎样求真呢？中国哲学给出的答案是：道就是真，求道就是求真。

对于何为真的问题，道家的观点很明确：真就是道，道就是真。道家所说的道，有两方面的意义：一方面，是指自在的天道；另一方面表示人应当追求的理想的、超验的精神境界。道家的核心论点叫做“道法自然”。道以自身为法，所以道就是本真。人取法乎自然之道，也就求得了本真。

道家强调，本真乃是不为任何人为因素所干扰的纯真。道作为本真，既然是自为的，当然就是无为的，而不可能是有为的。在“真”的前面，道家往往加个“天”字，这就是“天真”一词的来历。什么叫做“天真”？就是不受任何主观意图的干扰，纯任自然。普通人只有在小时候，才配得上“天真”二字；因为那个时候，还没有任何主观的想法。在老子看来，婴儿的状态，就是得道者的状态；婴儿式的得道者才配得上“天真”二字，配得上“无为”二字。试看：婴儿想哭就哭，想笑就笑，从来不考虑别人对他有什么看法；妈妈给他什么就穿什么，绝不想要绫罗绸缎，也不在乎衣服款式；饿了就吃妈妈的奶，妈妈的奶是唯一的食物，也是最好的食物，他绝不会有对山珍海味的奢望。人一旦长大了，往往就背离了那个原初的本真，就背离了大道；只有得道者才会葆有本真、与大道为一。老子盛赞无为的婴儿，批评有为的成年人。在《老子》一书中，经常出现“如婴儿之未孩（读为咳）”“比于赤子”之类的句子。婴儿或赤子之所以在老子心目中有那么高的地位，因为那是得道者的形象，而道就是真。

老子和庄子都认为，真就是不假人为，就是不矫揉造作。简单地说，就是从不装像。你装像，总是不真的；真用不着装像，该哭就哭，该笑就笑。这叫做“率真”。率真的人，叫做“真人”，也就是得道之人。“真人”的反面就是“伪善”。道家褒扬“真人”，实则是对现实人格中伪善性的贬斥。真人之“真”，体现在行为实践中，而不是挂在口头上。倘若有人自我夸耀说：“我虽然长大了，但我很天真。”那是自欺欺人。当你自称天真的时候，其实早已不天真了，不过是装天真而已。天真怎么能自己说呢？婴儿不会说话的时候，那才是天真；你能说能闹，还自标榜什么天真，纯粹是自欺欺人。借用网络语言说，那叫做“卖萌”。

儒家对真的理解，也是建立在道上。不过，儒家所说的道，指的是人道，表示一种理想的、入世的人格所应有的精神境界。儒家强调人道是自为的，不认同那个无为的天道。儒家心目中的“真”，不是自然意义上的“真”，而是人文意义上的“真”。换句话说，“真”不意味着“自然”，而意味着“应然”。人道作为“真”来说，就是人的一种应然心态。这种心态，可以叫做“真”，也可以叫做“诚”。在儒家眼里，“真”与“诚”是同等程度的观念，通常以“求诚”代替“求真”。孟子鼓励每个人效法义理之天，主张做人要像天那样诚实。“是故诚者，天之道也。思诚者，人之道也。”（《孟子·离娄上》）“思诚”就是以“天”作为终极的价值目标，扮演好天民的角色，力求进入天人合一的精神境界。所谓天人合一，也就是天人合诚、天人合善，不抱任何功利目的，并没有进入天堂或极乐世界之类的念头。这是一种哲学意义上的内在超越，有别于宗教意义上的外在超越。在儒家那里，“求诚”与“求真”是一个意思。所以，儒家非常重视树立“诚”的观念。所谓“诚”，其实就是自觉了的“真”。朱熹对“诚”的解释就是“真实无妄”，就是“见天理之本然”。

在何为“真”的问题上，儒道两家共同的选择，都是以“道”为真。区别在于，儒家注重人道，由真引申出诚，提倡有为的人生态度；道家注重天道，倡导无为的人生态度。“求真”是儒道两家共同倡导的价值取向，也是中国人最基本的价值理念。儒家主张有为，道家主张无为，有为和无为既是相反的，又是相成的。儒道互相补充，满足人们不同的精神需求，都有助于人格的完善。如果说儒家的价值导向是“张”的话，那么，道家的价值导向则是“弛”。“张而不弛，文武弗能也；弛而不张，文武弗为也。一张一弛，文武之道也。”（《礼记·杂记下》）儒道两家的价值导向构成互补效应，共同培育中国人的民族性格。中国人的精神世界中，庄子的“逍遥遊”思想是一种不可缺少的元素。正如冯友兰所说：“儒家墨家教人能负责，道家能使人外物。能负责则人严肃，能外物则使人超脱。超脱而严肃，使人虽有‘满不在乎’的态度，而却并不是对于任何事物都‘满不在乎’。严肃而超脱，使人于尽道德的责任时，对于有些事，可以‘满不在乎’。有儒家墨家的严肃，又有道家的超脱，才真正是从中国的国风中培养出来的人，才真正是‘中国人’。”① 诸葛亮“澹泊以明志，宁静以致远”的名句，可以说是关于儒道互补的生动写照。

三、善的取向

在中国哲学的指导下，中华民族选择的第二个价值目标，就是求善。求真是对终极价值表示关切，而真善美是联系在一起的，求真必然要涉及如何求善的问题。所谓求善，就是对道德价值表示关切，探寻主体需求同社会存在必然性相统一的途径。把这两方面统一起来，并且使主体需求得到满足，那就是善。善跟人的群体需求有关系。什

① 冯友兰：《三松堂全集》第4卷，河南人民出版社1986年版，第363页。

么是善？在通常情况下，维系社会和谐就是善；反之，就是恶。善不是个人的价值判断，而是群体的价值判断。求善根基于求真。对如何看待善的问题，儒道两家有共同点，也有分歧。

道家强调善就是朴，以朴实为善。在道家看来，所谓善，就是不讲究形式、不加雕琢，“如婴儿之未孩（读为咳）”。倘若有人仅仅在形式上做文章，而脱离了实质，那就谈不上善了。道家要求把善的实质和善的形式区分开来，对于社会上流行的徒具形式的道德规范，持否定态度。道家指出，那些道德规范的倡导者，如果不是善的实行者，便是十足的伪君子。真正的善应当体现在行动中，而不是把道德规范、纲常伦理之类的词汇，总挂在口头上。那些把纲常伦理总挂在嘴上的人，未必就是善人。关于善的形式、表达、礼义、教化等等，道家都不买账，认为这种道德说教不仅无助于善的推广，反而会助长伪善风气。对此，老子的批评是:“礼者，忠信之薄而乱之首。”（《老子》第三十八章）庄子说得更刻薄，认为礼义之类的道德规范，不过是被统治者玩弄的工具，其本身没有善可言。他的说法是：“圣人不死，大盗不止。”这里，圣人是指是儒家所标榜的圣人，也即倡导道德伦理规范的圣人。庄子指出，圣人所制定的道德规范，仅仅是一种工具，与善的实质没有关系，任何人都可以使用，甚至强盗头子也不例外，这叫做“盗亦有道”。比如，儒家津津乐道的仁、智、勇三达德，不但治国者可以使用，强盗头子也可以使用。在作案的时候，强盗头子带头冲锋陷阵，这不就是“勇”吗？强盗头子判定作案的地点和对象，那不就是“智”吗？作案以后分赃，讲究公平合理，论功行赏，这不就是“仁”吗？你看，仁、智、勇三达德，强盗头子一样不少。如果没有三达德作为工具，当不成大的强盗，只能当个小贼。道家反对把善形式化，反对形式主义，主张实质主义，反对伪善，有合理的一面，但是他们把善的内容和善的形式两个方面对立，也有失于偏颇。

儒家主张把善的内容与善的形式统一起来。儒家认为，光有善的实质是不行的，还得通过恰当的形式把善的实质表现出来。用孔子的话来说，那就是："质胜文则野，文胜质则史。文质彬彬然后君子。"（《论语·雍也》）内容、形式应当恰到好处地结合在一起，那就是文质彬彬的君子，也是理想的人格。

在善的内容和善的形式之间关系的问题上，儒道两家有分歧；但在求善的取向上，并没有分歧。至于如何实现善，选择的路径不一样。正因为有差别，儒道才可以互补，构成相反相成的关系。我们不能说道家是非道德论者。道家也是道德的倡导者，但是他们反对伪道德，反对把善概念化、形式化。儒家主张尽善尽美，文质彬彬，倡导中和之善；道家倡导纯朴之善、内秀之善，主张做人朴实无华，对人真情相待，向往无为洒脱的人格。在求善这个话题上，儒道两家看法有别，但不妨碍他们之间构成互补关系。

四、美的取向

在中国哲学的指导下，中华民族选择的第三个价值目标，就是求美。"美"跟"善"不一样，主要是指主体需求与自然存在必然性相符合并得到满足。此外，"美"与"善"不同还在于，"善"涉及人与人之间的利害关系，而"美"不涉及人与人之间的利害关系，只涉及人跟自然之间的和谐关系。在如何求美的话题上，儒道两家有共同的憧憬，都把美作为人们的一个价值追求目标；不过，对于美的理解，儒道两家还是有差异的。

我们先说道家。道家把"美"同"道"紧紧相联系，以道为美，以自然为美。道家把美区分为两种类型。一种类型是世俗之人眼中的美。世俗所说的美，乃是一种相对的美，因为这种美是与丑相对而言的："天下皆知美之为美，斯恶矣；皆知善之为善，斯不善矣。"（《老子》第二章）世俗所谓美，以丑作为前提，没有以"道"为根基，所以道家不能认同。另一种类型是得道之人眼中的美，乃是一种绝对的美，合乎道的美，一种不加雕饰的、自然的、纯真的美。道家反对迷恋形式上的美，而主张追求以道为根基的实质美。对于徒具形式的美，道家没有好感。老子说："五色令人目盲，五音令人耳聋，五味令人口爽，驰骋畋猎令人心发狂，难得之货令人行妨。"（《老子》第十二章）一味地追求五色，追求色感上的享受，叫做"目迷五色"，根本体味不到真正的颜色之美；一味地追求五音，追求宫商角徵羽等乐感享受，根本体味不到真正的声音之美；所谓"驰骋畋猎"，也就是骑马打猎，对于男性说，并不能体味到真正的阳刚之美；所谓"难得之货"，也就是穿金挂银、讲究穿戴，对于女性来说，并不能体味到真正的阴柔之美。在老子看来，这些世俗的美的理念，非但不是真美，反而是对真美的戕害。你说穿金挂银有什么好处？连晚上走路都提心吊胆，生怕被坏人抢了去，"令人行妨"啊！如果没有金，没有银，没有财，也没有色，像乞丐一样，在哪儿睡觉都心安舒坦，绝没有坏人来骚扰。

老子认为，自然有大美而不言。以道为美，才是真正的美；朴实无华，才是真正的美；师法自然，才是真正的美。道家的美学观对中国的绘画和书法影响极大，所谓"师法自然"其实就是老子"道法自然"原则的变体。有人问郑板桥："您竹子画得这么好，跟谁学的呢？"郑板桥回答："我没跟任何人学，是跟竹子学的。"道家主张师法自然，主张返璞归真，反对人为雕饰，认为刻意雕饰必将弄巧成拙，无美可言。道家只认同内容美，不认同形式美，用庄子的说法，叫做"德有所长，形有所忘"。（《庄子·胠箧》）在庄子笔下，那些得道之人都长得奇模怪样，没有一个是帅小伙。帅小伙徒有外表之美，心里没有得道的体验，不值得赞佩；而那些长得奇模怪样的丑人，时刻与道为一，很有感召力，很多人都追随他。真正的大美，在自然之中，所以道家主张到山林里去修行。为什么到山林里去修行，因为山林里有大美，而在朝廷里没有大美可言。

儒家的美学观跟道家不一样。关于“美”这个话题，儒家谈得不多。儒家通常把关于“美”的话题伦理化，同“善”混在一起谈。在孔子那里，尽管美和善还有一些区别，已经把二者搞到一起了，向往“尽善尽美”的境界。孔子听过《武乐》，也就是描写武王伐纣战斗场面的音乐，称赞其“尽美”，但因其有杀伐之音，谈不上“尽善”，尚有些遗憾。他听了《韶乐》之后，感觉大不相同。《韶乐》是尧三代之治的音乐，孔子听后，连连赞叹“尽善尽美”，竟然使他如醉如痴，陶醉于其中，以至于三个月吃肉都不觉得香。到孟子那里，完全把善与美等同起来了。他对“善”的界定是“可欲之谓善”；对“美”的界定是“充实之谓美”。（《孟子·尽心下》）他将求美寓于求善之中。在儒家那里，基本没有单独的美学可言，往往把美学同伦理学合在一起谈论。在现代汉语中，仍然保留着这样的痕迹，比如我们现在说的“五讲四美”，就是例证。“五讲四美”中那个美，指的是心灵美，而不是形象美。“心灵美”本身并不是一个关于美学的话题，而是一个关于伦理学的话题。

尽管儒家强调美善一致，但也反对把美庸俗化。道家鄙视披着伪装的美，儒家何曾不是如此？孔子主张中庸，坚决反对乡愿。乡愿伪装成中庸，欺名盗世，不能不令人生厌。孔子“恶紫之夺朱也，恶郑声之乱雅乐也，恶利口之覆邦家者”（《论语·阳货》），理由是：紫表面上与朱相近，而骨子里却是黑的。在反对伪美这一点上，儒道两家可以互补。

五、 圣的取向

在中国哲学的指导下，中华民族选择的第四个价值目标，就是求成为圣人。什么是圣人？圣人就是指最像人的那种人，也就是完美的人、没有缺陷的人、合乎理想的人。圣人不仅仅是儒家的价值理念，也是道家的价值理念。在《道德经》中，多次出现“圣人”这个词。庄子也认同圣人，不过，他又加上两条，把圣人同至人、神人相提并论。无论圣人，还是至人，抑或神人，指的都是他心目中的理想人格。圣人是中国哲人设计的做人的终极价值目标，说圣人的层面，就到头了，不必再追溯。中国哲学不羡慕神，也不羡慕仙，到圣人这里就打住。中国哲人的忠告是：你别想着当神仙，当神仙干嘛？当圣人不是挺好嘛！圣人是儒道两家所共同向往的理想人格。他们提供的超越理念，说到底还是做人，而不是非人。不过，圣人并不是凡人。以圣人的标准来衡量，凡夫俗子还不能算是完整意义上的人，还需要提升。怎么提升呢？儒家的主张是修身，而道家的主张是悟道。儒道两家对何为圣人的理解，并不完全一样，成圣的路径不完全一样。

道家的圣人观，强调这样几点。第一点，圣人是一个与道为一的逍遥之人。“至人无己，神人无功，圣人无名。”（《庄子·逍遥游》）圣人不为自己设置功利目标，无所求，因而也就无所失。这是一种达观的人格、潇洒的人格、超脱的人格。第二点，强调圣人是一种超凡脱俗的散淡之人。圣人之为圣人，只是一种人格的高尚，跟他在社会上的地位，没有必然的联系。道家所说的那个圣人，往往生活在田野山林中，拒绝在朝廷里当官。在道家眼里，那些在朝廷里当官的人，都是一些凡夫俗子，人生境界不高。圣人犹如闲云野鹤，心甘情愿在山林里修行。陶渊明“不为五斗米折腰”，就是范例。第三点，圣人是超越的人格，是由“技”进于“道”的高超之人。对于道家称羡的圣人，方东美[①]有个妙喻，说道家眼中的圣人，有如“在太空中的人”，超越于地球之外。

至于儒家称羡的圣人，方东美也有个妙喻，称其为“在时空中的人”，仍在地球之上。儒家的圣人观跟道家的圣人观不一样，有鲜明的入世主义诉求。儒家特别强调，圣人是仁德的化身。圣人是什么？圣人就是凡人的楷模。圣人对于凡人来说，那叫做“出乎其类拔乎其萃”。圣人具有强大的感召力，他就是凡人的精神导师。按孟子的说法，圣人可以使懦夫变得有勇气，可以使贪心之人变得清廉。总之，圣人就是凡人的一面镜子，凡人以圣人为效法的榜样。儒家的圣人观还有一个特点，就是把“德”放在首位。道家还有德才兼备的倾向，重德而不忽视才。例如擅长解牛的庖丁，由“技”进于“道”，可以说既有“才”，也有“德”。在儒家看来，圣人只有“德”就够了，至于有“才”与否，无关紧要。王阳明有个比喻，说做圣人只讲究做人的成色如何，不必讲究分量多少。或许你在社会上的地位很低下，但你仍旧可以成为圣人；或许你在社会上的地位很高，高官得坐，骏马得骑，但是你未必成得了圣人，可能还是大号的俗人。

儒道两家的圣人观也有共同点，那就是都主张超凡入圣、提升人格。在超凡入圣这一点上，儒道两家是互补的。儒家的圣人更有入世的品格，道家有一种超脱的品格，共同铸成理想人格理念，确立成圣的价值取向。

---

① 方东美（1899—1977），名珣，字东美，笔名方东英，安徽桐城人。中国哲学家，现代新儒学代表人物，代表作有《新儒学十八讲》。

六、群的取向

在中国哲学指导下，中华民族选择的最后一个价值目标，就是求合群。所谓“群”，指的就是理想的社会。求成圣人是中国哲学关于理想人格、关于个体价值目标的设计；而求合群是中国哲学关于理想社会、关于群体价值目标的设计。在讲究合群体性这一点上，儒道两家应当说是共同的。不过，他们设计的理想社会模式不一样，达到这一理想社会的路径也不一样。

道家心目中的理想社会，是个什么样的社会呢？老子的说法叫做“小国寡民”：国家很小，人民很少，“使有什伯之器而不用，使民重死而不远徙；虽有舟舆，无所乘之；虽有甲兵，无所陈之。使民复结绳而用之。甘其食，美其服，安其居，乐其俗。邻国相望，鸡犬之声相闻，民至老死，不相往来。”（《老子》第八十章）老子并不是反对人与人之间有正常交往，只是反对打着关心他人的旗号，干着干预他人的勾当。按照老子的说法，民与民为什么会有矛盾呢？为什么打架呢？为什么会造成社会的不和谐呢？就是因为有人企图干预他人的缘故。如果每个人都干自己的事儿，你干你的事，我干我的事儿，谁都不干预谁，“老死不相往来”，那还能打架吗？老子认为，社会成员之间、社会团体之间、国家之间，原本是一个相安无事、和平共处的关系，很不幸，竟被干预主义者破坏了，从而造成社会不和谐的乱局。

庄子把这个道理讲得更透彻。他指出，人与人之间互相关心，看起来很美，其实不然。他打一个比方说，这就像两条鱼在即将干涸的小沟里“相濡以沫”。那两条鱼多么互相关心啊，我用我的唾液滋润着你，你用你的唾液滋润着我。你看，这是一幅多么感人的相亲相爱的图景啊！可是，庄子却不表示欣赏。他提出的问题是：这两条鱼能有多少“沫”啊？过不了多久，这两条鱼一起干死了。所以，“相濡以沫，不如相忘于江湖”。（《庄子·大宗师》）两条鱼在浩瀚的大海里，谁都不管谁，那不正是和谐吗？道家对和谐社会的理解，不是积极的，而是消极的，那就是相互尊重、相互不干预、和平共处。道家之所以不主张主动关心他人，是因为有些人常常打着主动关心他人的幌子，行干预他人之事。这正是造成社会矛盾的根源。每个人把自己管好了，比什么都重要；为什么非得干预社会、干预他人呢？道家的社会和谐理论，固然有些消极，但对和谐的向往也是真诚的。道家绝不是鼓励人去做害群之马，也不鼓励人自封为社会的领袖。道家的希望是，谁都不要争当社会领袖。“夫唯不争，故天下莫能与之争。”（《老子》第二十二章）不争的社会，就是理想的社会，就是太平的社会，就是和谐的社会。道家不主张主动地关心人，但是主张消极地尊重人。“不相往来”就是对人表示尊重，“相忘”也是对人表示尊重。所谓尊重，就是不要干预别人的活动空间和生存空间。道家的不干预主义未必完全是负面的说法，也有它的正面意义。

道家的和谐理念是“消极地不为恶”，而儒家的和谐理念则是“积极地为善”。儒家眼中的合群体性，不是一个消极的合群体性，而是一个积极的合群体性；儒家眼中的理想社会，不是个体组成的小国寡民，而是群体至上的大一统社会。儒家设计的理想社会是大同之世和小康之世。关于大同之世，《礼记·礼运》写道：

> “大道之行也，天下为公。选贤与能，讲信修睦。故人不独亲其亲，不独子其子，使老有所终，壮有所用，幼有所长，矜寡孤独废疾者，皆有所养。男有分，女有归。货恶其弃于地也，不必藏于己；力恶其不出于身也，不必为己。是故谋闭而不兴，盗窃乱贼而不作，故外户而不闭。是谓大同。”

有的论者认为这里是对中国古代原始共产主义社会的历史回忆，

有的论者认为这里是在虚构空想社会主义的乌托邦，恐怕都是误解。其实，这里讲的是道德意义上或价值意义上的社会理想，并非某种社会制度。如果说是“乌托邦”的话，那么，讲的是道德意义上的乌托邦，并非制度意义上的乌托邦。大同说的主旨在于倡导合群的价值观念，并非在设计制度模式，因此，是围绕着价值理想展开论述的。第一句话讲的不是所有制问题，强调的是群体意识至上，而不是个体意识至上；第二句话讲的是社会群体的价值导向问题；第三句话和第四句话讲的是社会群体对所有社会成员应该抱有的态度；第四句话强调的是社会成员对于社会群体应有的奉献精神，第五句话是对理想社会图景的描述：人人都具有高尚人格，精神文明高度发达，关心他人、关心社会群体蔚然成风，人际关系高度和谐，完全消灭争斗、盗窃等丑恶的社会现象。至于物质文明发展到何种程度，并未论及。

儒家把大同定位为社会群体的终极价值目标，并且认为实现这一目标需要有个过程。要实现大同，必须经由“小康”阶段。关于“小康”，《礼运》写道：

> “今大道既隐，天下为家。各亲其亲，各子其子，货力为己。大人世及以为礼，城郭沟池以为固，礼仪以为纪，以正君臣，以笃父子，以睦兄弟，以和夫妇，以设制度，以立田里，以贤勇知，以功为己。故谋用是作而兵由此起。禹、汤、文、武、成王、周公，由此其选也。此六君子者，未有不谨于礼者也。以著其义，以考其信，著有过，刑仁讲让，示民有常。如有不由此者，在执者去，众以为殃。是谓小康。”

“小康”这个词初见于《诗经·大雅·民劳》：“民亦劳止，汔可小康。”《礼运》构想的小康之世其特点是：第一，没有体现大道，家庭意识占主导地位；第二，由于家庭意识为主导，社会成员为己，要靠礼仪制度协调人们之间的利益关系，规范人们的行为，要靠君主治理国家、惩恶扬善，要靠军队保卫国家；第三，由于礼仪制度合理和君主勤政为民，可以形成以国家为单位的、以家庭为细胞的相对和谐的社会。在倡导合群这一点上，大同与小康是一致的，区别在于大同以“大道”维系群体，小康以礼仪制度维系群体。儒家构想的理想社会突出群体的价值，要求个体服从群体，对于中华民族的形成和发展具有极大的影响力。在一定程度上可以说，儒家的群体价值观为中华民族的凝聚力提供了理论支撑。

在合群体这一价值取向上，儒道两家路径上虽有差别，但目标恐怕是共同的。两家都主张人与人和谐相处，建构和谐的理想社会。我们今天倡导建立和谐社会，恐怕既是儒家思想的继承和发扬，也是道家思想的继承和发扬。儒道共同倡导的真、善、美、圣、群，已经成为中华民族主流的价值理念。这五个价值理念虽然在历史上没有完全实现，但其积极的导向意义不能抹煞。它对于人性的优化，对于社会的优化，均起到导向作用，而这正是传统哲学的现代价值之所在。

社会主义核心价值观不是从天上掉下来的，也不是从外国引进的，而是中华民族价值观合乎逻辑的发展，体现出时代性与民族性的统一。社会主义核心价值观有两大基本诉求，一是发展，二是稳定。它提出“富强、民主、文明、和谐”等社会建设目标，着眼于发展；提出“自由、平等、公正、法治”等关于美好社会的表述，也是着眼于发展。至于它提出的“爱国、敬业、诚信、友善”等道德规范，则着眼于稳定。毋庸讳言，在中国哲学中，关于发展的资源不够丰富，关于稳定的资源却极其丰富。中华民族“真、善、美、圣、群”的价值取向，包含着“爱国、敬业、诚信、友善”等道德规范。我们培育社会主义核心价值观，应当学会从中国哲学中寻找资源支撑。

七、问答互动

问：首先，我仅代表自己对宋老师精彩的讲课表示感谢。宋老师，您对中国哲学的宇宙论、本体论、方法论、知行观、价值观，以比较宏观、言简意赅、条分缕析的方式表达出来，展示了中国哲学的精神。有一种观点认为，中国哲学是一种政治哲学或者伦理哲学，是一种强调践行入世、经世致用的哲学。在当代，马克思主义已经成为主流意识形态的时候，中国哲学似乎已被领导人的哲学思考所吸纳。比如说，构建和谐社会理论或科学发展观理论，都已经吸收了一部分中国哲学的精华。我的问题是：当下的中国哲学发展的近况怎么样？发展到哪种程度？或者说，它主要的理论是什么？

答：我很愿意回答你这个问题。我认为，中国哲学跟马克思主义哲学相比较，其中一个最大的区别在于，马克思主义哲学是批判的、革命的，以“破坏”为主导，主张“砸碎旧世界”；而中国哲学则是一种“建设”的哲学。在过去革命为主导的年代，二者之间的兼容性不明显，而在当今建设为主导的年代，二者之间的兼容性越来越突出，中国哲学中有些话语融入到中国化的马克思主义哲学中。在当今时代，马克思主义哲学展现的空间不是缩小了，而是扩大了。在战争年代，中国哲学的精神资源可以被暂时遗忘，而现在则越来越被重视。比如说自强不息，已经写进党的文献，“十六大”文献中关于民族精神，第一条就是它。再比如说和谐社会建设，也是如此。和谐的理念哪来的？来自于中国哲学文献，而不是马克思主义哲学文献。马克思主义哲学主要讲如何砸碎旧世界，至于如何建设新世界，所论不多。今天我们的任务是建设新世界，其中包括精神文明建设。对于我们精神文明的建设来说，中国哲学有着一个无法取代的位置。精神文明跟物质文明有一个很大的区别，物质文明可以引进，精神文明是没办法引进的，你必须利用本国的思想资源来建设。当然，可以借鉴外来的思想资源，但不能仅靠外来的思想资源。我们现在强调马克思主义应当时代化、中国化、大众化，这个是对的。我们不需要什么原原本本的马克思主义，那是教条主义的错误说法。我们不会讲也讲不出来原原本本的马克思主义，也许德国人能讲，但我们讲不出来。我们不能离开我们的语境，离开我们的哲学传统。

至于中国哲学的现状，我既抱着希望，又不很满意。中国哲学的价值，自近代以来处于被否定的位置。这种否定由来已久，不是一天两天，从康有为就开始了。从他的《新学伪经考》算起，已经一百多年了。在“左”的话语支配下，更加剧了这种倾向。想在短时期内就把它扭转过来，那是不现实的。那种鄙视中国哲学的心态，我们现在正在走出，但还没有完全走出来。我的好多讲法，恐怕还有很多人不会认同。有人说，我对中国哲学的赞歌唱得太多了，我倒不觉得。我认为，中国哲学是有发展前景的，问题在于如何把中国哲学和马克思主义哲学之间的兼容关系处理好。中国的哲学舞台，任何时候也不能变成是外国哲学家的分部。近些年来，在相当长的一段时间，我们被西方哲学话语控制，一会儿讲海德格尔，一会儿讲哈贝马斯，而没人讲孔子，没人讲老子，这不正常。至于中国哲学如何发展，那还有待诸君的努力。我超过六十五岁，已经退休了，恐怕真正把中国哲学推向世界、唱出中国哲学新调子的人，还得有赖于在座的各位。

下　编

本书上编是关于中国传统哲学的主干的讲法，可以说是大通论；下编是关于中国传统哲学枝杈的讲法，从中观层面概述中国传统哲学中的主要思潮，可以说是小通论。大小通论配合起来，中国传统哲学通论这门课程的内容就完整了。本书认为，构成中国传统哲学的主要思潮有先秦道家哲学、先秦儒家哲学、先秦墨家哲学、魏晋玄学、中国化佛学、宋明理学。其中，前三种思潮出现在中国哲学奠基期，第四和第五种思潮出现在中国哲学发展期，最后一种思潮出现在中国哲学高峰期。

先秦道家思潮发端于老子，终结于庄子。此思潮选择天道学进路讲中国哲学，通过以道观物，论述世界的两种状态；通过以道论世，论述两种社会类型；通过以道论人，论述两种人格类型；以“想得开”为诉求。

先秦儒家思潮发端于孔子，中经孟子，终结于荀子。孔子实现了从天道学到人道学的转向，孟子在仁学层面推进了儒学的发展，荀子在礼学层面推进了儒学的发展；以“拿得起”为诉求。

先秦墨家思潮发端于墨子，终结于撰写六篇墨辩的后期墨家。此思潮选择人天学的进路，把人看成劳动者，把社会看成互助体，把天看成终极价值的担保，以“讲奉献”为诉求。

魏晋玄学思潮由天人关系问题引出体用关系问题，开启抽象本体论思路。贵无论、崇有论、独化论分别为三种有代表性的本体论学说。玄学家试图把体用统一起来，未获成功，促成了宗教哲学的转向。

中国化佛学思潮以此岸与彼岸关系的问题为基本问题，通过释“无”与解“空”，诠释佛教教义，开启超越本体论思路。创立以“一即一切”为核心的般若学和以“顿悟成佛”为核心的解脱学，促使佛教中国化，以“放得下”为诉求。

宋明理学以理事关系为哲学基本问题，将中国传统哲学推向高峰。理学一派的基本思想是理在事先、理一分殊；心学一派的基本思想是理在心中、事上磨练；气学一派的基本思想是理在事中、事在理先。三派皆以“内在超越”为诉求。

第七章 先秦道家思潮

从公元前 5 世纪到公元前 221 年秦始皇统一中国，这 200 多年在中国哲学史上叫做先秦时期。先秦时期是中国哲学的奠基期或原创期，诸家蜂起，思潮纷呈，称得上中国哲学史上的黄金时代。庄子用“百家”形容学派众多，司马谈归纳为阴阳、儒、法、墨、道、名等六家，班固再加上纵横家、农家、杂家，归纳为“九流”。从哲学的角度看，最主要的思潮是道、儒、墨三家。按照时间顺序，第一个出场的是道家。

一、思潮源流

先秦道家的创始人是老聃。生卒年不详。著作是《老子》又称《道德经》，系后人整理成书，共 81 章。据记载，老子曾经做过周守藏史，相当于当今的国家档案馆或图书馆馆长。老子的学问相当大，甚至赢得孔子的好评。孔子称老子为“人中之龙”，这是一个相当高的评价。在《礼记·曾子问》中，有孔子“问礼于老聃”的记载。不过，《礼记》是后来人写的，是否真的有孔子向老子问礼其事，不可确考。可以判定的是，老子生活在春秋末年，与孔子属于同一时代，可能比孔子年龄更大一些。由于《老子》书中的第一句话是“道可道，非常道”，故而汉代学者把老子开创的学派称为道家。

先秦道家以讲究思辨为特色，以“道法自然”为宗旨，强调人们在思想和行为上都应当效法“生而不有，为而不恃，长而不宰”的大道。在政治方面，他们主张采取“无为而治”的政策，理由是“不尚贤，使民不争”。在伦理思想方面，他们主张“绝仁弃义”，以为“礼者忠信之薄而乱之首”。这同儒家大力标榜仁义之教形成鲜明的对照。道家不赞成儒家的仁义之教，并非倡导非道德论，只是反对把道德规范当作工具，而忽视人格境界的提升。

庄周（约公元前 369—前 286）继承发展老子的思想，使道家思潮臻于完善。先秦道家收尾于庄子，故而又称为老庄学派。其实，道家算不上严格意义上的学派，因为老子没有招收弟子，与庄子之间不存在师承关系，只是在思想观点上有相似性，代表着同一个思潮。老子先出场，他对中国哲学最主要的贡献，就是拉开了中国哲学的大幕，标志着中国哲学已经起步。

二、天道学进路

老子在中国哲学史上最大的理论贡献，就是推倒了传统天命观念的权威，给原始宗教时代画上句号；树立起理性的权威，开启了哲学的时代。他针对原始宗教天神的观念，提出“道”这样一个中国哲学的核心观念。

人类在童年时代，由于能力低下，无法掌控自己的命运，于是便想象在人之上，有一个支配人的天神，以为人的命运完全都在天神的掌控之下。这种原始宗教观念，在中国具体表现为天命崇拜。当人类社会发展到一定水平的时候，原始宗教观念逐步被突破。老子哲学主要是针对天神至上的观念提出的。他解构了原始宗教观念，建构了“道”这样一种哲学的理念。老子的思考方式，可以概括成天道学的进路。天道是一个哲学的理念，它推倒了天神的权威。有了天道的观念，意味着世界和人皆不在天神的支配之下，天神不再是世界和人的主宰者。按照老子的看法，宇宙的最高法则是大道，天神不具有权威性。大道与天神相比较，“吾不知谁之子，象帝之先。”（《老子》第四章）这意味着，大道比天神权威更大、更悠久。只有大道堪称为宇宙万物的本原，具有不可追溯的终极性。至于天神，即便有的话，那也是儿子辈，顶多算是大道之子。大道既是宇宙万物的本原，也是宇宙万物的最终依据。老子提出道的观念，标志着中国人的哲学理性已经觉醒。老子告诉我们：应当用理性的眼光看待世界，而不能再用神性的眼光看待世界，因为只有大道才是宇宙万物的本原、本根、本体。老子创立的哲学，可以叫做天道学。老子哲学的问世，宣告了哲学对于神学的胜利，揭开了中国人精神历史的新篇章。

先秦道家哲学的基本思想，主要包括这样三条：一是如何用道的观念来解释宇宙，叫做“以道观物”，这是一个关于世界观的话题；二是如何用道的眼光来看待社会，叫做“以道观世”，这是一个关于社会观的话题；三是如何用道的眼光看待人生，叫做“以道论人”，这是一个关于人生观的话题。

三、道的两种状态

《老子》全书的第一句话是：“道可道，非常道。”（《老子》第一章）在这句话里，老子认为道具有两种状态。一种是显在的道，叫做“可道”之道。这种道体现在具体事物之中，乃是关于具体事物的具体规定性，故而可以用名言来表述。形象地说，这种意义上的道，有如一条看得清楚的实线。另一种是潜在的道，或者叫“不可道”之道。这种道是一切具体事物成形的前提，有别于任何具体事物，不能用名言来表述。这种意义上的道，虽不能用名言来表示，有别于显在的道，但不等于非存在，而是存在的特殊状态，可以用虚线来表示。实线和虚线连在一起，就叫做“常道”或“大道”。大道包括“不可道”之道，同样不能用概念来表述。老子把显在的道，称为“有”；把潜在的道，称为“无”。实线是虚线的延伸，“有”是“无”的具体化，二者构成一个整体，故而大道又被老子称为“一”。这个“一”，首先是潜在的道，然后才是显在的道。潜在的道不能言说，可以无穷尽地往前追溯，不可能找到一个开端。老子建立的世界观，是一个过程的、动态的、有机的世界观，确立了中国哲学的特色。按照这种世界观，世界不是一堆现成物的集合体，而是一个没头没尾的延展过程。既然世界没有开头，何必再追问世界是从哪里来的呢？在中国哲学的起步阶段，老子就把创世说消解掉了，确立了有别于希腊哲学的中国模式。

从潜在的道在逻辑上先于显在的道来说，道生万物，万物皆发端于道。“有物混成，先天地生。寂兮寥兮，独立不改，周行而不殆。可以为天下母。”（《老子》第二十五章）“道冲，而用之或不盈；渊兮，似万物之宗。”（《老子》第四章）值得注意的是，在老子哲学中，道生万物的“生”，不是“创生”，也不是“派生”，而是“发生”。万物自然而然地由道发生出来，不用任何主宰者操控。老子讲的不是创世论，没有把道描述成世界的创造者。创世说是基督教的观念，以为上帝创造了世界。许多人常常把老子“道生万物”的“生”解释为“创生”或“派生”，误解了老子的意思。在老子那里，所谓“发生”，就是道由潜在变成显在或者从无形转为有形的意思。这种发生，也可以说是“无中生有”。比如，从树种里长出大树，树种无枝无杈，与大树迥异，可以说是“无”；然而，树种有可以长出大树的基因，又是潜在的“有”。老子强调，道在万物之先、在万物之上，道有别于万物，道不是万物中之一物。他不想把道与万物混为一谈，故而称之为“无”。老子所说的“无”，不是零的意义上的无。把“道”称为“无”，并不意味着“道”就是一无所有的虚无。对于万物来说，“道”不是一个零，不能用西方人那种上帝凭空创造万物的眼光来理解“无”。老子所说的“无”，内含着“有”。“无”有无形、无限的意思，其实就是指潜在的“有”。

关于道生成万物的过程，老子的构想是：“道生一，一生二，二生三，三生万物。万物负阴而抱阳，冲气以为和。”（《老子》第四十二章）。“道生一”，意味着“道”不再处于混沌状态，而是朝着一个方向，发散开来。例如，“天得一以清，地得一以宁，神得一以灵，谷得一以盈，万物得一以生，侯王得一以为天下贞。”（《老子》第三十九章）“一生二”，意思是说，“一”的展开，必须借助于内在的动力因；这个动力因就是“二”，就是阴阳二气。阴阳二气相反相成，推动宇宙不断地发展变化。“二生三”，意思是说，阴阳两种要素可以形成的三种状态，那就是“和气”。和气具有多样性。例如，二分之一阴加二分之一阳，组成了一种和气；而四分之一阴加上四分之三阳，组成了另一种和气。阴气、阳气、和气统称为“三”。三气就可以形成更多组合，所以说“三生万物”。这里的“万”，不是数词，而是多种多样的意思，是对所有显在事物的总称，指的就是花样繁多的宇宙总体。

大道既在万物之先，又在万物之中。道不是神，不是宇宙的创造者，因而不可能在宇宙之外。从发生学的意义上说，道在万物之先；而从本体论的意义上说，道在万物之中。老子讲的哲学，可以说是一种“形而先学”，也可以说是一种“形而中学”，但不是那种把世界二重化的“形而上学”。在老子的哲学视野中，宇宙只有一个。道发生出万物之后，依然与万物同在，这叫做“道法自然”。所谓“自然”，有两层意思。一层意思是“自然而然”，大道作为终极原因，自己决定自己，不可能再进一步追溯了。它就是源头，就是本根，就是本体，就是解释宇宙总体的最高哲学理念。它“独立而不改，周行而不殆”。另一层意思是大道意味着宇宙万物的总和，就是我们现在所说的“大自然”。中国哲学所说的宇宙，有别于西方哲学中所说的那种主体之外的“客观实在”，而是人、天、地三者的总称。三者遵循着一个共同的大道，一切都在大道的掌控之下。这就叫做“人法地，地法天，天法道，道法自然”。（《老子》第二十五章）

老子既讲发生论，也讲本体论；而庄子则只讲本体论不讲发生论。为什么不讲发生论呢？庄子的理由是：从发生论的角度无法把道讲清楚。“有始也者，有未始有始也者，有未始有夫未始有始也者。有有也者，有无也者，有未始有无也者，有未始有夫未始有无也者。俄而有无矣，而未知有无之果孰有孰无也。今我则已有谓矣，而未知吾所谓之其果有谓乎？其果无谓乎？”（《庄子·齐物论》）从“有”可以追溯到“无”，从“无”又可以追溯到“有”，陷入“恶的无限性”，怎么可能说清楚呢？既然如此，不如放弃这种追问。

庄子特别强调道与万物同在，与宇宙同在，把道看成宇宙万物的本根：“夫道，有情有信，无为无形，可传而不可受，可得而不可见，自本自根，未有天地，自古以固存。神鬼神帝，生天生地；在太极之先而不为高，在六极之下而不为深，先天地生而不为久，长于上古而不为老。”（《庄子·大宗师》）他又说：“物已死生方圆，莫知其根也。扁然而万物，自古以固存。六合为巨，未离其内；秋毫为小，待之成体。天下莫不沉浮，终身不故；阴阳四时运行，各得其序。惛然若亡而存，油然不形而神，万物畜而不知，此之谓本根。可以观于天矣。”（《庄子·知北游》）如果把道比作大树的树干和树根的话，那么，万物有如树枝和树叶。对于大树来说，根干和枝叶是结成一体的。倘若根干脱离枝叶，便不成其为根干了；枝叶脱离了根干，也不成其为枝叶了。同样道理，道与万物是结成一体的，也不能离开万物单独存在。道就在万物之中，构成万物之间有机的、内在的普遍联系。庄子强调，万物皆在道中，一切事物都处在变化的总过程之中，故而可以把道称为“大全”或者“造化”。万物皆由道造化而成。某物存在，无限化为有限；某物毁灭，有限化为无限。万物“方生方死”“方死方生”，都是有限的存在；然而，宇宙总体是永恒的、无限的存在。

四、世道两种形态

老子从道的视角看宇宙万物，也从道的视角看人类社会，进入道家的第二话题：以道观世，即探讨道与世道之间的关系问题。他区分治世与乱世两种世道形态，认为前者符合道，而后者背离道。老子生活在春秋时代，面对乱世。为什么会是乱世呢？他找出的原因就是背离了大道。从道的角度看，奉行“天之道”，才是理想的治世；而背离“天之道”，奉行“人之道”，势必造成乱世。这两种世道反差极大：“天之道，损有余而补不足；人之道则不然，损不足以奉有余。”（《老子》第七十七章）他是一位现实主义批判者，也是一位理想主义者，他构想的治世蓝图是：

> “小国寡民，使有什伯之器而不用，使民重死而不远徙；虽有舟舆，无所乘之；虽有甲兵，无所陈之。使民复结绳而用之。甘其食，美其服，安其居，乐其俗。邻国相望，鸡犬之声相闻，民至老死，不相往来。”（《老子》第八十章）

如果以为老子想把人类拉到远古的蒙昧状态，完全是误解。老子之所以构想这样的理想治世，其实是对乱世中大量存在的不平等现象表示抗议，是对伴随着社会进步而来的退步作出深刻批判。在他所向往的治世里，人民的生存得到很好的保障，“甘其食，美其服，安其居，乐其俗”。人与自然和睦相处，与他人和睦相处；由于没有交往，因而也就没有冲突，没有君子小人之分；大家和平相处，从来也没有战争的发生。这不正是一幅太平盛世的图景吗？

老子指出，在治世里，应当奉行“无为而治”原则。“无为而治”有以下三层意思。

一是低姿态。掌权者不高高在上，不盛气凌人；在下层面前，保持着一种低姿态。老子以大海例证说：“江海之所以能为百谷王者，以其善下之，故能为百谷王。”（《老子》第六十六章）他奉劝掌权者千万不要摆架子，千万不可刚愎自用；否则，不会有好结果，“强梁者不得其死”。君王应该懂得“知其雄，守其雌；知其白，守其黑”的道理，把自己当成“寡人”。在老子那里，让君王以寡人自称，有保持低姿态的意思，没想到后来“称孤道寡”倒成了君王的专称，成了实际上的高姿态。这为老子始料所不及。

二是不扰民。讲究切实可行的治国策略，当行则行，当止则止。老子奉劝掌权者不要瞎折腾，治理国家应当像煎小鱼那样小心谨慎。煎小鱼时如果总是翻来翻去，非把小鱼弄得不成样子；治理国家也是如此，倘若掌权者胡乱干预国事，非把国家搞糟不可。老子提出的“无为而不为”的原则，并不是要人们什么事都不做，而是要求人们在做事情的时候，不要仅凭主观想象为所欲为，必须“道法自然”，遵循客观规律办事，才能收到事半功倍的效果。

三是无常心。老子说：“圣人常无心，以百姓心为心。”（《老子》第四十九章）这句话用现在的流行语来表述，就是“以人为本”的意思。老子强调，掌权者要为百姓着想，不能只为自己着想，不能有常心、有私心。在重视民心、民意这一点上，儒道两家是一致的，但各自的施政方针不同。儒家要求掌权者施仁政于民，老子觉得没有这个必要，他的主张是：“圣人不仁，以百姓为刍狗。”（《老子》第五章）君王不骚扰百姓就足够了，不必指望他会用爱民之心。

老子是一位“小社会”主义者，而庄子比老子更为极端，是一位彻底的自然主义者。在他看来，“小国寡民”还不到位，人类社会最好直接回到“至德之世”：“夫至德之世，同于禽兽居，族与万物并，恶乎知君子小人哉?”“夫赫胥氏之时，民居不知所为，行不知所之，含哺而熙，鼓腹而游，民能以此矣。”（《庄子·马蹄》）在“至德之世”，人与自然和睦相处，与动物和睦相处，与他人和睦相处，不但没有君子小人的分别，甚至也没有人与禽兽的分别。老子对当下社会没有彻底失望，还拿出一套治世之道，希望以此挽救当下社会的危机，仍有讲政治哲学的意向；庄子则对当下社会彻底失望，不讲政治哲学，只讲人生哲学。庄子不寻求“救世之道”，但不能不寻求“应世之道”。他思考的问题是：处在乱世如何为自己找到生存的空间?既然无力改变世道，那么，就得退而求其次，设法解决如何“此在”的问题，找到一种保存自己的办法，这就叫做“应世”。应世的办法，就是处于“才”与“不才”之间，掌握“无用之大用”的生存智慧。

无论是老子所说的“小国寡民”，还是庄子所说的“至德之世”，都可以说是一种道家心目中的小康社会。道家不像儒家那样积极倡导群体观念，但他们明确表示反对危害社会群体。在道家看来，造成乱世的原因得在人自己身上找。如果谁都不打着关心他人的旗号干伤害他人的事情，社会自然而然就安宁了。道家似乎并不积极地维系社会群体，却以独特的方式表达了维系社会群体的美好意愿。在维系社会群体这一点上，儒道两家可以说殊途同归。但总的来看，道家比较强调尊重个体的自由，注重个体性原则；儒家比较强调群体至上，注重群体性原则。实际上，个体与群体是辩证统一的关系：没有脱离个体的抽象的群体，离开群体个体也不可能存在。从这个意义上说，儒道两家的社会理想，可以构成互补效应。

五、人格的两种类型

先秦道家的第三个话题是以道观人，也就是探讨道与人生的关系问题。他们从道的视角看人，把人区分为两种类型：一种人是道的体现者，叫做圣人；另一种人是道的疏离者，叫做俗人。前者是他们心目中的理想人格，后者则是他们针砭的对象。

所谓俗人，是指那些被世俗观念束缚的人，自以为是的人，被欲望驱使的人，没有精神追求的人。这些人都是道的疏离者。他们的生活态度，他们生活方式，都不符合大道原则。众人不懂得道，不接受道的约束，总做一些违背大道的事情。这种人自以为聪明得很，其实糊涂得很。例如，俗人一味追求物质享受，殊不知由此带来的却是精神上的伤害。

与俗人完全不同的另一种类型的人，就是圣人。圣人已克服了俗人对于道的疏离，达到了与道为一的精神境界。关于圣人，老子做了以下四点描述。

第一，圣人有“愚人之心”（《老子》第二十章），葆有与众不同的精神境界。老子把圣人比喻为含德归厚的赤子，比喻为尚不会笑的婴儿，以示与俗人有区别。赤子或婴儿没有受到世俗观念的束缚，仍然保持着与道为一的精神状态，没有像成年人那样，陷入疏离大道的误区。婴儿元气充沛，精神饱满，无论怎么哭，嗓子都不会哑。婴儿以母乳为唯一的食物，决不像成年人那样，讲究什么大鱼大肉、山珍海味。婴儿想哭就哭，想笑就笑，情感率真，决不像成年人那样矫揉造作、欺世盗名。在俗人的眼里，圣人可谓是愚昧之人，殊不知圣人乃是“大智若愚”。俗人看上去挺明白，其实最糊涂；圣人看上去挺愚钝，其实最高明。老子用了许多词描述圣人与俗人之间的区别：俗人“昭昭”，圣人“昏昏”；俗人“察察”，圣人“闷闷”。总之，圣人的精神境界与俗人根本不同。

第二，“圣人为腹不为目”（《老子》第十二章），价值取向选择与众人不同。圣人不是不食人间烟火的神，当然有维持生命的、必不可少的物质需求，因而“为腹”不能不是圣人的一种价值选择。圣人吃饱肚子，只是为了生存的需要，没有其他目的，绝不会把吃饭当成精神追求的目标，这就叫做“不为目”。人维系生命所需要的物质条件是有限的，完全可以在自然界中得到满足。人从自然界获取有限的事物，有如小小的鼹鼠在大河中喝一口水，对自然界没有什么影响，对别人也没有什么妨碍。可是，俗人却糊涂得很，往往选择与圣人不一样的价值取向，不懂得“为腹”的道理，一味地讲究“为目”，把有限的物质需求变为无限的精神追求。例如，吃饭总是喜欢摆谱，讲究什么食前方丈，其实只吃了一点点，大部分都扔掉了，只不过为了面子上好看而已。俗人过分地“为目”着想，非但达不到“为腹”的目的，反而造成对于生命的戕害。老子告诫那些“为目不为腹”的人说：“五色令人目盲，五音令人耳聋，五味令人口爽，驰骋畋猎令人心发狂，难得之货令人行妨。”（《老子》第十二章）五颜六色的东西看得太多了，会丧失正常的视觉判断力；五音六律听得太多了，会丧失正常的听觉判断力；各种味道尝得太多了，会败坏味觉；畋猎一类的娱乐活动搞得太多了，心理会变态；金银玉帛之类的装饰之物，都是俗不可耐、徒具形式的东西，无助于人们的身心健康。正是由于众人过于“为目”着想，把有限的物质需求变为无限的精神追求，才造成了人类社会的不安宁，造成人与人之间尔虞我诈、争斗不已的乱象。

第三，圣人返朴归真，“见素抱朴”（《老子》第十九章），乃是道的体验者和体现者。“为腹”只是圣人的一种价值选择，并不是圣人的终极价值目标。圣人的终极价值目标是“为道”，进入“返朴归真”的境界。所谓圣人，就是进入与道为一的精神境界中的人。怎样达到这样的精神境界？老子的办法是“塞其兑，闭其门，挫其锐，解其纷，和其光，同其尘，是谓玄同。”（《老子》第五十六章）他要求人们放弃一切违背天道的行为，堵塞耳目等感官渠道，和泯私智技巧的光芒，混同行途的痕迹，挫损个人的锋锐，解除人事的纷争，最终进入“彼我玄同”的境界。这是一种哲学智慧的领悟，不能采取知识积累的路径，故而老子主张把“为学”与“为道”区别开来：“为学日益，为道日损。损之又损，以至于无为。无为而无不为。取天下常以无事，及其有事，不足以取天下。”（《老子》第四十八章）“为道日损”就是逐渐摆脱世俗价值观念的束缚，消除人对于道的疏离，达到对于道的自觉，最终成就圣人人格。圣人就是自觉地依道而行的人。他是道的体验者，体验出道之本然。圣人并不把道当成认识对象，而是当成体验对象。他与道为一，他就是道的化身。圣人还是道的体现者，体现出道对于人的指导价值，引导众人归依大道。做人应该以圣人的标准要求自己，不能随波逐流，不能当一个庸庸碌碌的俗人。

庄子指出，圣人的世界观与俗人的世界观完全不同。圣人“以道观物”，俗人“以我观物”。在圣人的眼里，万物的长短、大小、美丑、成毁、是非之间并没有什么区别，莛（小草）与楹（柱子）可以等量齐观，厉（读为“癞”，指丑女）和西施可以等量齐观。万物本来都是齐一的，只不过人受到小我眼光的限制，才做出美丑、是非之类的论断。“天下莫大于秋毫之末，而泰山为小；莫寿于殇子，而彭祖为夭。”（《庄子·齐物论》）在道的面前，万物本来没有差别，只是由于人的视角不同，才看出了差别来。“自其异者视之，肝胆楚越也；自其同者视之，万物皆一也。”（《庄子·德充符》）俗人站在“小我”立场上看待万物，于是形成种种“物论”。“物论”有悖于

“道论”，不可避免地带有“解释学的偏差”。“物论”因人而异，千差万别，各家都有自己的论点，众说纷纭，使人莫衷一是。比如，在人的眼里，西施是美女；可是，鹿见到西施却吓得跑掉了；鱼见到西施赶紧沉到水中，在动物的眼里，西施是否称得上美女呢？再如，人睡在潮湿的地方会害腰痛病，可是泥鳅偏偏喜欢在泥水里钻来钻去；人在树上会觉得害怕，可是猴子偏偏喜欢在树上跳来跳去。在“孰为正处”的问题上，人、泥鳅、猴子的“物论”各自不同，谁是正确的呢？庄子指出，如果仅在“物论”的范围之内，人们无法对各种“物论”判别对错。甲提出一种“物论”，乙不同意，提出另一种“物论”，两个人吵了起来，只好请丙当裁判。可是裁判也不能解决问题：他支持甲，乙不服气；他支持乙，甲不会服气；他拿出第三种“物论”，甲乙都不服气。其实，各种“物论”都是对宇宙真相的曲解，都应当以“道论”为尺度，将其“齐”掉。从“道”的角度来看，万物为一，本来都是无差别的；竟然被各种“物论”说成了“多”。只有放弃形形色色的“我见”或“物论”，才能复归大道，成为圣人。

庄子指出，圣人已经完成对于俗人的超越，进入自在逍遥的精神境界，树立“与道为一”的人生态度。圣人遵道而行，摆脱世俗观念的束缚，过着自由自在的精神生活。逍遥之人就是得道之人，与道为一之人，就是精神自由之人；不逍遥的人就是与道疏离的人，受世俗观念束缚的人，就是在精神上没有自由的俗人。

同老子一样，庄子也认为人是一种个体的自然存在。他只从宇宙的角度看人，不从社会的角度看人，强调人是宇宙的一分子，是万物中之一物。他关于人的看法，不像儒家那么高，不赞成“天地之间人为贵”的说法。在他看来，人也是“道”的造化，同别的物没有什么两样。人不过是万物中之一物而已，并无尊贵可言。在道的面前，人和物都是一样的，人可以转化为物，物也可能转化为人，“若人之形，万物而未始有极也”。人也不必刻意地追求为人。他形象地说：“今大冶铸金，金踊跃曰：‘我且必为镆铘！’大冶必以为不祥之金。今一犯人之形，而曰‘人耳，人耳！’夫造化者必以为不祥之人。”（《庄子·大宗师》）在造化者“道”的面前，人是渺小的，是微不足道的。庄子为了维护“道”的尊严，不得不牺牲人的尊严。

按照庄子的分析，俗人在精神上之所以不得逍遥，原因在于受到是非、美丑、得失、尊卑、贵贱、名利、顺逆、生死等等“物论”观念的束缚，被折磨得苦不堪言。在诸多“物论”中，最折磨人的莫过于生死了。庄子奉劝世人勘破生死，树立“以生死为一条”的生死观。《大宗师》写道：“死生，命也；其有夜旦之常，天也。人之有所不得与，皆物之情也。”人大可不必对死亡抱有恐惧感，生死如昼夜交替一样平常。所谓“死”，其实就是“化”：从暂时有限状态走向永恒无限过程，也就是复归大道、与大道为一。据记载，庄子的妻子死了，他竟鼓盆而歌。他还对弟子说：我死后不必用棺材装殓，也不必埋葬，就扔到旷野里，任凭飞鸟啄食，任凭蝼蚁撕咬。

庄子用诗的语言，赞美圣人得道逍遥的精神境界：“若夫乘天地之正，而御六气之辨，以游无穷者，彼且恶乎待哉？故曰：至人无己，神人无功，圣人无名。”（《庄子·逍遥游》）至人、神人、圣人，其实是一个意思，都是指进入逍遥境界中的人，都是指庄子心目中的理想人格。这种人无己、无功、无名，不为世俗观念所困扰，“与造物者为人（偶），而游乎天地之正气”。这种人神游“无何有之乡”，心寄“无物之初”，可以说就是道的化身。这种人宁静淡泊，超凡脱俗，没有对“小我”的执著，没有对事功的追求，没有对名利的仰慕，甚至把生死都看得很开，“不知悦生，不知恶死”。在中国哲学史上，庄子第一个认识到：人有精神追求，有自由追求；而精神追求的目标，不能在世俗社会中寻找，而应该到大道中寻找。人时时刻刻效法大道，也就得到了自在逍遥。

庄子所描绘的逍遥人格，是一种超现实的理想人格，在现实生活中并不存在。尽管庄子所描绘的逍遥人格没有现实性，但对于现实的人来说并非没有积极意义。这种意义就在于，以哲学的方式为中国人提供了一个心灵休憩的场所，帮助人排除烦恼，减轻精神压力；提供了一个精神医疗站，可以帮助人排除不良情绪，净化心灵，求得心境的平和，造就洒脱的精神境界；提供了一种精神安顿方式，一种可供选择的安身立命之地，一种精神的故乡。如果说儒家的价值导向是“张”的话，那么，庄子的价值导向则是“弛”。“张而不弛，文武弗能也；弛而不张，文武弗为也。一张一弛，文武之道也。”（《礼记·杂记下》）儒道两家的价值导向构成互补效应，共同培育中国人的民族性格。中国人的精神世界中，庄子的“逍遥遊”思想是一种不可缺少的元素。诸葛亮“澹泊以明志，宁静以致远”的名句，可以说是关于儒道互补的生动写照。

六、“想得开”诉求

道家的理论特色和精神趣旨用三个字来说，叫做“想得开”；用两个字来说，叫做“无为”；用一个字来说，那就是“弛”！当你身陷逆境的时候，道家会告诉你：不要陷入到精神痛苦之中不能自拔，要想得开一些，要看得远一些，要明白“祸兮福之所伏，福兮祸之所倚”的道理，要掌握安时处顺的生存技巧。道家学说具有劝慰的功能，对人们的劝慰是：学会放松，不要紧张，该撒手时就撒手，不要把“小我”的诉求看得太重。当你学会从大道的角度想，一切就都想得开了：什么是非、美丑、利害，统统不在话下！有这样一种豁达的心态，无论身处逆境，还是身处顺境，都无所谓。逆境算什么？挺一下，或许就可能转变成顺境。借用陆游的诗句说，叫做“山重水复疑无路，柳暗花明又一村。”

道家的受众通常把菊花视为道家精神的象征物，如陶渊明有诗句“采菊东篱下，悠然见南山。”王羲之的书法师法自然，别具一格，可以说也是道家精神的写照。李白之所以被誉为“诗仙”，是因为诗中洋溢着道家精神。“花间一壶酒，独酌无相亲。举杯邀明月，对影成三人。月既不解饮，影徒随我身。暂伴月将影，行乐须及春。我歌月徘徊，我舞影零乱。醒时同交欢，醉后各分散。永结无情游，相期邈云汉。”原本一个人喝闷酒的情形，竟被他写得生意盎然、充满情趣。

道家鼓励人们“到山林里去修行”。因为只有在与自然的融合中，才会体味精神上的逍遥，才会懂得自然有大美而不言的奥妙。道家不看重物质享受，十分珍惜精神自由。如果让道家在朝廷与山林之间做出选择，会毫不犹豫地放弃前者，锁定后者。陶渊明、李白都是道家哲学的践行者。

在中国人的精神世界中，道家构成安慰系统。道家好比是药店，当人遇到了精神困惑的时候，光吃粮食是不行的，还需要吃药。买药就得上药店。这家药店售出的药，大概只有一味，叫做“宽心丸”：“知其不可奈何而安之若命。”（《庄子·人间世》）如果说儒家讲的是一门教人如何紧张起来的学问的话，那么，道家讲的则是教人如何放松下来的学问。儒道互补，共同构成博大精深的中国传统文化精神。

七、问答互动

问：宋老师，我有个问题。刚才您提到说，道家是中国哲学的一个起点，但是有些人认为周易是中国哲学的起点。您对这个问题怎么看？另外一个就是庄子也讲“物物者非物”，也认为道是在物之上的，您怎么看？谢谢！

答：好，我先回答你提出的这两个问题。关于中国哲学的起源的问题，有人说是《易经》，我不同意这种观点。《易经》并不是一部哲学著作，而是“卜筮之书”，也就是算卦时用的书。《易经》的思维方式，是通过算卦的途径向天神请示，并不是哲学的思维方式，还是神学的思维方式。至于《易传》，作者是谁现在还说不清楚，但可以肯定的是比《老子》晚。《易传》跟《易经》不是一回事，不能混为一谈。《易传》的产生比《老子》晚，没有文献能够证实《易传》比《老子》还早。有的学者曾提出《老子》晚出说，如果按照晚出说，老子就不能说是源头，可是这种说法已经被推翻了。《老子》早出已经被地下文献所证实。在郭店发现出的那批竹简当中，其中就有《老子》。郭店竹简被断定为公元前 3 世纪的文物，所以《老子》至少出现在这个时期，它作为中国最古老的哲学著作，已经得到证实。至于《易传》，现在没有出土文献证明早于《老子》。按照传说，《易传》是孔子写的。孔子比老子要晚许多年，所以中国哲学源头放到老子那里，比较合适。

老子提出“道”的观念，这是一个独特的发现。如果没有道，哲学讲不出来啊！所以，以道为权威，还是以神为权威，正好是代表了两种不同的思维方式。如果你承认神是最高的权威，那你就是神学家；你只有承认道是最高的权威，那你才是哲学家。《易传》中有“形而上者谓之道，形而下者谓之器”的说法，其中道和器都来自《老子》。如果我们承认道是中国哲学第一个范畴，那么，把中国哲学起源放在《老子》上比较合适。在没有新的出土文物证明的情况下，我还是坚持我的观点；如果将来有新的文物发现，证明《易传》比

《老子》还早，那时我就投降吧。这是第一个回答的问题。

庄子的确说过“物物者非物”这句话，不过对于这句话要放在庄子的道论中去领会。庄子认为，道是万物的本根，并不意味着道在物之先，这个是没有问题的；但我们不能要求庄子这样一位古代的哲学家，非常清楚地把在具体物之前还有一个非物的阶段这层意思完全排除掉。庄子讲的“物物者非物”是什么意思呢？意思就是说，使某物成其为某物，并不是某物自身的原因，而是另有原因。这另外的原因，仍旧在道之中，而道也不能脱离物而单独存在。比如说狗，狗不是狗的原因，狗是狼变的。那狼对于狗来说，就是“非物”嘛！庄子所讲的“非物”和“物”，并不是两个层面的存在，都统一于道。庄子为什么把他的哲学著作叫做《齐物论》呢？《齐物论》就是说，一切物在道的面前都是等值的，都是“齐一”的。

问：我想请宋老师解答一下这个问题。庄子和老子谈到的人，有没有回答“我是什么？”和“我从哪里来？”两个问题？

答：这是西方式提问题的方式，不是中国式提问题的方式。老子谈到人的时候指出，人有一个应该的状态，还有一个不应该的状态。对于人的应该的状态，老子只是说了个大致的方向，没有谈细节，因为那种人本来就不是一种现实的人，而是理想中的人。至于现实的人，都处在不应该的状态，都是一些需要反省的人。怎么反省呢？就是要跳出小我的限制，复归于大道。他没有告诉你怎样做个体意义上的人，在《老子》中你找不到“我是什么”“我从哪里来”之类问题的答案。老子不赞成人做一个有个性的个体，主张复归于大道，作为大道的体现者、体验者、信仰者、归依者，能做到这些，就足够了。对于“人从哪里来”“人的本质是什么”之类的问题，老子和庄子还没涉及。儒家对这些问题有所涉及，我们接下来会讲到。

第八章 先秦儒家思潮

“自强不息”是中国哲学精神中首要的一条。先秦道家对于“不息”讲得比较到位，而对“自强”则重视不够。道家眼中的人，是消极的人、无为的人。道家倡导的精神境界，对于个人来说，可以成为一种“安身立命之地”，却不能为整个中华民族提供精神家园。在“不息”的基础上，进一步把“自强”讲透，那是先秦儒家的理论贡献。

一、 思潮源流

在中国哲学史上，儒家虽然是第二个出场的学派，却是对中国人精神世界影响最大的一家。其创始人孔丘（公元前551—前479），字仲尼，鲁国陬邑（今山东曲阜）人。司马迁在《史记·孔子世家》中记载了他的生平事迹。孔子删《诗》《书》，编《春秋》，钻研《易》《乐》《礼》，集以往文化思想之大成，创立了儒家学派。“儒”原来是古代巫师祭祀时戴的帽子，后来用以称呼相礼的专家，相当于现在各种场合的主持人。孔子曾从事过这种职业，故而汉代人把他创立的学派称为儒家。孔子的言论和事迹，主要保存在弟子所整理的《论语》一书中，经汉代刘向整理，分为二十章。后世儒家将此书纳入“十三经”，视为儒家经典之一。在先秦和汉初的其他典籍中，也有一些关于孔子言行的记载。

儒家是名副其实的学派，孔子打破了“学在官府”的老规矩，首开私人讲学之风，他有“弟子三千，贤人七十二”。他一方面倡导礼治，倡导周礼；另一方面以“仁”解“礼”，创立以“仁”为核心的儒家思想体系。继孔子之后，孟轲（约公元前372—前289）发展仁学思想，提出性善论；荀况（约公元前325—前238）展开礼学思想，提出礼法兼顾、王霸杂用的治国理论。儒家学派倡导仁义，注重教化，主张以礼义协调人际关系，借以维系社会群体的安宁与稳定。他们有浓重的传统意识、人文意识和忧患意识，以《诗》《书》《礼》《乐》《易》《春秋》为经典，有弘扬民族文化的使命感。儒家对中华民族精神的影响之大，乃是古代任何学派都无法比拟的。

先秦儒学是儒学发展的第一个阶段，是儒学在初创时期所形成的理论形态。先秦儒学已提出儒家的基本原则、理论框架，因而成为后世儒学的源头活水。孔子讲学授徒，确立了儒学的基本架构；孟子以“仁”为核心，阐发了儒家的内圣学；荀子以“礼”为核心，阐发了儒家的外王学。

二、 人道学进路

对于天人关系这个中国哲学基本问题，哲学家可以选择不同的思路。道家从“天”的角度把握这一问题，主要致力于关于自然的哲学思考，得出“天道自然无为”的结论，并且做了比较充分的论述。道家推翻了传统天命观在精神领域中的主导地位，解构神学意义上的天，建构哲学意义上的天或理性意义上的天。道家以哲学的方式解除了人对天的依附，提出“道”这样一个中国哲学的最高范畴，为中国哲学的起步举行了一个奠基礼。道家抓住“天”这个环节，为中国哲学发展打开了一扇门；儒家则抓住“人”这个环节，打开了另一扇门。儒家把哲学思考重心由“天”转到“人”，实现了对于道家话题的转换。孔子以“人”为契入点，开辟了讲哲学的另一条进路。他重新认识人，重新解释人，把人从天神的重压之下解放出来。孔子哲学话题的侧重点从天道学转到人道学方面，把道同人相联系，强调道是人们必须遵守的行为准则，并且人是道的主动的弘扬者，而不是被动的遵循者。他关于人与道之间关系的看法是："人能弘道，非道弘人。"（《论语·卫灵公》）在道的面前，人具有主动性。

孔子从人自身寻求人道，用理性的考察方式取代了神学的考察方式，走出原始宗教的藩篱，也找到了哲学话语。从对人道的彰显反映出，他也达到了哲学意识自觉的水准，完全可以与老子比肩。他们共同夯实了中国哲学的根基。

道家天道学的理论重点是"天"，尽管也谈到"人"，但对"人"思考不够深入。道家把人从天命的控制中解放出来，看成是自然的存在，不再是被动的存在，将关于人的话题从神学转到了哲学。但是，道家眼中的人是抽象的个体，并没有现实性。正如荀子所批评的那样，道家"蔽于天而不知人"。道家的确没有认识到人是群体性或社会性存在，没有找到凝聚民族群体的核心理念。关于如何在中国建构统一的、大规模社会群体的问题，道家没有深入思考。这个问题留给了儒家。

道家从宇宙论入手，提出"道"的本体论，以"道"贯通天人，从"道"的客体意义讲到主体意义，但仍侧重于客体的意义和存在的意义，侧重点放在了天道方面；孔子从人生论入手，提出"道"的本体论，以"道"贯通天人，则侧重于主体的意义和价值的意义，侧重点转到了人道方面。孔子所说的人道，是对人的社会群体性所作的哲学抽象。人道就是为人之道，就是人作为社会中的一员应该遵守的道德准则；弘扬人道就是为社会群体着想，为社会群体负责，为社会群体奉献。那种自觉地遵循人道的人，有社会责任心的人，就是志士仁人。在孔子的哲学思考中，比较侧重本体的主体意义，强调人对于道的主体性。老子把人从“天”的主宰中解放出来，使人有了主动性，但没有看到人对于道的主动性。孔子对人有了更深刻的认识，把人由道的被动的遵循者，诠释为主动的弘扬者，看到了人的能动性。老子的理论贡献在天道学方面，孔子的理论贡献则在人道学方面：他们同为中国哲学的奠基人。

孔子虽然没有像老子那样看重天道问题，但也触及了这个问题。他不否认宇宙万物皆自然而然地存在着，运行着，没有什么主宰者可以操控。“天何言哉？四时行焉，百物生焉，天何言哉？”（《论语·阳货》）在孔子看来，四时交替、万物衍生的自然过程就是“天”，就是宇宙，毫无神秘色彩可言。天不说话，意味着天没有神性，只是自然存在而已。孔子同老子一样，也用理性的眼光看待宇宙万物，不承认有主宰宇宙的、神学意义上的天。不过，在孔子看来，径直承认宇宙万物作为既成事实存在，就够了，没有必要深究它的本原。孔子比老子更为紧密地把人与天联系在一起，追问天对于人的本体意义。其本体意义，就是“道”。孔子心目中的道，有价值目标的意思，被摆在最重要的位置，甚至比自然生命还重要。他说：“朝闻道，夕死可矣。”（《论语·里仁》）道作为天人合一的本体，当然是万物存在的终极依据，不过孔子在这方面没有做更多的论述，而特别重视“道”对于人的意义，并且从“道”的角度提升人的责任感和使命感。他认为，道本体是人生价值的终极依据，是道德价值的源头。道本体在人生中的贯彻就是“德”，因此，“德”也是一个重要的本体论范畴。“德”作为价值意义的本体，根源于天道，故而孔子说：“天生德于予。”“德”的本体意涵就是“仁”。在孔子哲学体系中，“仁”也是一个重要的本体论范畴。孔子说：“仁远乎哉？我欲仁，斯仁至矣。”（《论语·述而》）“仁”通过“礼”得以落实，故说：“克己复礼为仁”（《论语·颜渊》）。这样，孔子就通过本体论思考，形成了“道—德—仁—礼”的思想框架。

儒家哲学主要是一种人道学，强调人道有为。在儒家眼里，人不仅仅是自然存在，更重要的是一种文化的存在、社会的存在。人不是某种抽象个体，必须是社会群体中的一员。倘若离开群体，单独的个体无法存在。人只能以群体的方式存在。那么，如何组建社会群体？孔子认为，必须抓住“礼”和“仁”两个基本点。礼学和仁学都是围绕着人的社会群体性而展开的，构成儒家人道学的具体内容。礼是外在的维系社会秩序的制度规范，仁是内在的道德价值的自我意识。这是孔子对所处时代进行深刻反思之后，取得的重要的理论思维成果。

1. 礼

孔子认为，礼是人们的行为规范，是社会群体赖以维系的准则，每个社会成员都应当“约之以礼”，维护它的权威，恪守它的约束。礼是组建社会的必要条件，只有借助礼，加强制度管理，才能形成有秩序的社会形态。

礼作为制度文化，不是孔子的创造，传说周公制礼作乐，但礼为孔子人道学的出发点。在春秋末年，原有的等级制度瓦解，“礼坏乐崩”。礼的权威性和神圣性荡然无存，礼乐文化的底蕴也暴露出来，这为孔子从学理上加以反省和理解，提供了客观条件。孔子出身贵族，对礼乐非常熟悉，又有独立的人格、自由的身份和独立思考能力，从而为其反思和理解礼乐文化提供了主观条件。通过对礼乐文化进行反思和理解，他把礼乐文化中仍然有生命力的原则发掘出来，建构了儒家人道学体系。他思考的问题是：如何化乱世为治世？如何使天下安宁稳定？如何从无道变成有道？如何重建社会秩序？他给出的答案是：必须振兴礼乐文化，才有希望走出乱局。为什么天下无道？原因就在于礼失去规范功效。大夫竟敢动用天子之礼，“八佾舞于庭”。他坚信，对于社会群体来说，礼是不可或缺的制度设施。一个社会有了“礼”，有了规矩，才有秩序可言，才有和谐可言，才能结成群体。群体生活就是有规矩的生活，故而孔子很重视礼的重建。他认为礼是社会得以安定的必要保障；唯有实行礼治，才能建立起“天下有道”的社会秩序。礼是儒家管理哲学的理论基础。应当注意的是，重礼思想仅仅是孔子儒学的出发点，不是儒学的全部内容。从礼学进一步讲出仁学，才是孔子的理论创新。

2. 仁

在“礼坏乐崩”的情况下，孔子所做的工作不是修补，而是思考。他要把礼制文化中仍然具有生命力的、普遍适用的原则找出来，以备建设新体制之用。孔子对于传统的态度，具有两面性：既维护传统，又超越传统。这种态度集中体现在他对周礼作出损益，并不把礼仪条文看成一套死板僵化的规定。“礼云礼云，玉帛云乎哉？”（《论语·阳货》）当然不是。那么，什么是礼的深刻内涵呢？孔子认为礼的深刻内涵就是普遍的人文精神，就是人之所以为人的本则。用一个字来概括，那就是“仁”。这样，孔子便从“礼”这一传统观念的反思中，引申出、提炼出“仁”这一崭新的观念，开始了儒家的思想航程。

孔子意识到，礼固然是组建社会群体的必要条件，但仅靠礼还无济于事。组建社会群体除了礼这个必要条件之外，还需要另一个必要条件，那就是仁。仁与礼加在一起，方构成社会存在的充分条件。通过弘扬仁的观念，可以在社会成员之间建立起普遍的精神联系、情感联系，从而形成有价值共识的人们共同体。仁是儒家教育哲学的理论基础。孔子把仁理解为礼的实质，把复礼看成是行仁的手段，结论是：“克己复礼为仁，一日克己复礼，天下归仁焉。”（《论语·颜渊》）仁与礼缺一不可，相互为用，共同维系社会的正常运转。

三、仁学的展开

孔子作为儒家的开山人物，确立了儒家人道学的基本框架，但是其中的理论环节不可能一下子都充分地展开。孔子的人道学毕竟是一种“原始的完满”，需要经过“深刻地片面化”，才能逐步臻于完善。孟子和荀子各自抓住孔子思想框架中的一个理论环节，推进了人道学的发展。孟子在“仁”字上做足了文章。

仁学在孔子那里，只是初步的想法；而到孟子那里，则变成了比较系统的说法，讲出了更充分的道理来。孔子举其要，孟子述其详，故而后世学者才把二人并称，有“孔孟之道”的提法。孟子强调，仁是组建社会群体不可或缺的必要条件。他深入阐述儒家教育哲学，鼓励人主动地为善。在对仁学的展开论述中，孟子主要讲出以下三个基本观点。

1. 行仁政

孟子把“仁”提升到政治哲学的高度，视为治理国家和社会建设的基本准则，提出比较系统的仁政学说。

第一，实现仁政必须以“义”为施政理念。同孔子一样，孟子也试图从道德理念引申出政治理念。他发现，“义”才是把“仁”与“政”联系在一起的中介。从“仁”讲出“义”，并且以“义”为施政理念，这是孟子的创新之处。他说：“仁，人之安宅也；义，人之正路也。”（《孟子·离娄上》）仁是个体的价值安顿之所，有如房子一样，说的是内在性；义是价值实现的途径，讲群体达成价值共识的道路，说的是普遍性。政治生活是一种群体的生活，仁政不能直接建立在“仁”的基础之上，必须以“义”为中介。

第二，行仁政必须选择王道施政路线。仁政能否得以实现，首先取决于君王。“君仁，莫不仁；君义，莫不义。”（《孟子·离娄下》）由于孟子生活在古代，他除了君主制以外，不可能构想出别的政治体制，只能把实现仁政的愿望寄托在君王身上。选择仁政的君王所行之道，就叫做王道。王道的特征是以“义”为施政理念，实行以教化为主的国策，把臣民当成自己的同类看待。上下皆在仁德上相互感召，才能维系社会的正常运转。

第三，仁政的经济诉求是“制民之产”。行仁政首先应当从经济上入手，“仁政必自经界始”。（《孟子·滕文公上》）“经界”是指田间的沟洫，有土地分界的意思。“正经界”也就是划分土地，实行井田制，使每个农民都有一份固定经营的田产。“是故明君制民之产，必使仰足以事父母，俯足以畜妻子，乐岁终身饱，凶年免于死亡。然后驱而之善，则民之从之也轻。”（《孟子·梁惠王上》）孟子很重视民生问题，主张每个农民家庭拥有“五亩之宅”“百亩之田”。他指出，倘若让每个农民家庭都有这样一份固定经营的田产，得以安居乐业，他们自然会衷心地拥护仁政。孟子的构想当然美好，可是如何落实，他没拿出可行方案。

第四，仁政的政治诉求是“民为贵”。孟子很重视民意在政治生活中的作用，提出著名论断：“民为贵，社稷次之，君为轻。是故得乎丘民而为天子”。（《孟子·尽心下》）民意是政权能否得以巩固的根基，最为重要，故而说“民为贵”；与民相比，作为政权象征的社稷，倒是第二位的，故而说“次之”；而有广泛稳固的政治基础，有了健全的政权机构，君主的位置才坐得安稳，故而说“君为轻”。孟子这样处理民、社稷、君主三者之间的关系，绝没有贬低君主的意思，也没有把民众看成政治生活中的主体。他只是以强烈的反差，凸显民心向背的重要性，强调民心向背乃是政权存亡之所系，提醒君主在争取民意拥护方面多加注意，切不可掉以轻心。

孟子的仁政说有一个极其鲜明的特色，就是贯穿“以民为本”的原则。这一原则体现在他的经济思想方面，也体现在他的政治思想方面。这种民本思想虽然在古代社会中不可能成为现实，但可以成为一种抨击丑陋政治的思想武器。清官常常依据孟子的仁政说，讥评朝政，为民请命，揭发贪官污吏，对于当时的政治环境起到了净化作用。

2. 人性善

孟子描述了仁政的政治构图，那么，仁政的理论依据何在？孟子给出的理由，就是人性善。孟子哲学围绕着仁政构图展开，第一个环节是仁政说，第二个环节则是人性善。性善论是孟子对孔子仁学的发展。在孔子那里，“仁”主要是指关于道德价值的自我意识，强调“我欲仁，斯仁至矣”，强调“为仁由己”，倡导“为己之学”；在孟子这里，“善”则是一种社会的评价尺度。孔子讲的是道德观念的内在性，孟子讲的是道德评价的社会性，强调人与人之间具有可沟通性。孟子所说的“善”，乃是对于人的社会群体性做出的哲学抽象。“善”不是事实判断，而是价值判断。意思是说，向善符合人性；反之，则有违于人性。在孔子那里，性善论已具雏形。孔子说：“性相近也，习相远也。”（《论语·阳货》）这个“近”，就是善的意思，不过尚不明确；孟子提出性善论，把儒家的人性论讲清楚了。

孟子指出，人性善意味着人生来就具有向善的能力，他称之为“良能”；生来就具有求善的意识，他称之为“良知”。“人之所不学而能者，其良能也；所不学而知者，其良知也。”（《孟子·尽心上》）良知良能是万善之源，由此而形成恻隐之心、羞恶之心、恭敬之心、是非之心等四端，由四端而形成四个基本的道德观念即仁、义、礼、智。孟子的结论是：“仁，义、礼、智非由外铄我也，我固有之。”（《孟子·告子上》）“我固有之”的意思，不是说人一生下来就是善的，只是说人性善是人可以接受道德观念的前提。

孟子指出，人性善正是人性与兽性之间的本质区别。“人之所以异于禽兽者几希，庶民去之，君子存之。”（《孟子·离娄下》）孟子在这里强调的是“人之所以异于禽兽者”，而不是“人异于禽兽者”。“人异于禽兽者”属于现象上的差异，很容易发现；而“人之所以异于禽兽者”属于本质上的差异，这就不容易发现了。只有人才会有求善思维，而禽兽没有这种思维。在孟子那里，人性相对于兽性而言；只要是人，必有人性，必有善性。人向善处走，有如水往低处流。从理论上说，正因为人有向善的追求，所以人与人才可以结成社会群体，而不能与无善性可言的畜生结成社会群体。无论多么出色的狗，都是人的宠物，不可能成为人类社会成员。从事实上说，也不能排除在社会群体中会出现害群之马。人们之所以骂这种人是畜生，秉持理由，就是认为他违背了人性善原则。人性善就是“人之所以为人”的道理之所在。

孟子创立人性善学说，乃是人类对自身认识走向深化的理论表现。性善论的深刻之处在于，它强调人性首先应当是人的社会属性，而不是人的自然属性。孟子不赞成告子的“食色，性也”的自然人性论，认为这种理论没有把人与动物区别开来，忽略了人的社会性。孟子的性善论肯定人生价值，鼓励人们追求完满的人生境界，带有强烈的理想主义色彩，确立了儒家所特有的价值取向。孟子提出性善论，使儒家人道学理论更加完备。孔子提出仁的思想，把“仁”视为人的本质，确立了儒家的基本原则。但是，孔子的说法带有很强的规范性，至于人为什么应当履行仁道以及人何以可能履行仁道，并没有充分说明。孟子提出性善论，从理论上说明履行仁道有内在依据，说明履行仁道有可能性，说明自我完善有内动力，使儒家的人道学得以深化和系统化。人性善为建构和谐社会提供理论依据。倘若人人皆遵循与人为善的原则，社会怎么可能不和谐？如果人对人都像狼一样，社会怎么会有和谐可言？性善论不是就现实的人性而言，而是对理想的人性而言，意思是人性应当善、可以善。

3. 天道诚

孟子提出人性善的论断之后，进一步追问：何以说人性善？这就涉及道德价值的终极依据问题。孔子把道德价值的源头追溯到“生而知之”的圣人就止步了，可是，孟子却不能止步。在他的视域中，圣人“出乎其类，拔乎其萃”，与众人同类。既然圣人也是人，当然不能视为道德价值的源头；必须超出“人”的范围，作进一步的追溯。于是，孟子便追溯到了天。他提出“天道诚”的观念，试图从形上高度证明人性善。孟子提出性善论，为自我完善找到了内在根据；提出天道诚，确立了内在超越的形上指向。

为了使性善论在学理上周延，义理之天是孟子不可或缺的理论预设。人性善的根据不能到主宰之天中寻找。在天的主宰下，人乃是被动的存在；而对于被动的人来说，没有选择的自由，也不必为自己行为的后果负责任，所以，也就根本谈不上善抑或不善。人性善的根据也不能到自然之天中去寻找。因为自然之天在价值上是中立的，既无所谓善，也无所谓恶。对于自然之天，可以做事实判断，却不能作价值判断。因此，只能预设义理之天，到那里寻找人性善的形上依据。在孟子看来，人性善其实来自天性善。在性善这一点上，天人合一。这就叫做“尽其心者，知其性也；知其性也，则知天矣。”（《孟子·尽心上》）

从义理之天的角度看，人有双重身份。一方面，人是义理之天的体现者，拥有“天爵”的身份，担负着体现人性善的使命；另一方面，人是社会中的成员，拥有“人爵”的身份，承担社会分工赋予的职责。他说：“有天爵者，有人爵者。仁义忠信，乐善不倦，此天爵也；公卿大夫，此人爵也。古之人修其天爵，而人爵从之。今之人修其天爵，以要人爵；既得人爵，而弃其天爵，则惑之甚者也，终亦必亡而已矣。”（《孟子·告子上》）这两重身份没有必然联系，拥有“天爵”身份的人，未必拥有很高的“人爵”。

孟子把人生价值定位在“天爵”上，而没有定位在“人爵”上。一个人在社会上的角色，由各种条件所规定，并不是自己可以随意选择的。谋事在人，成事在天，经过努力仍达不到目的，只好听天由命。至于一个人能否成就高尚的人格，则完全取决于自己的努力。富贵者未必道德高尚，贫贱者未必道德低下。“富贵不能淫，贫贱不能移，威武不能屈，此之谓大丈夫。”（《孟子·滕文公下》）孟子评价人格的标准，不是社会地位的高低，而是道德自觉的程度。小人物同样可以作“大丈夫”，做充分体现“天爵”品格的天民，做道德价值的实现者。孟子鼓励每个人效法义理之天，像天那样诚实。“是故诚者，天之道也。思诚者，人之道也。”（《孟子·离娄上》）“思诚”就是以“天”作为终极的价值目标，扮演好天民的角色，力求进入天人合一的精神境界。所谓天人合一，也就是天人合诚、天人合善，不抱任何功利目的，并没有进入天堂或极乐世界的念头。这是一种哲学意义上的内在超越，有别于宗教意义上的外在超越。

四、礼学的展开

儒家人道学在孔子那里，还只是初步想法；孟子把想法变成说法，提出了行仁政、性善论、天道诚等一套比较系统的理论。但在孟子那里，儒家人道学仅仅是说法而已，理想主义色彩太重，“迂阔远于事情”，没有可操作性。到荀子这里，才拿出具体的制度设计、政策设计，把儒家人道学变成为切实可行的做法。荀子展开礼学，强调礼同仁一样，也是组建社会群体的必要条件。他阐发儒家管理哲学，设计出一套“使人被动地不为恶”的制度保障。倘若没有荀子，“以儒治国”不可能落到实处。在对礼学的展开论述中，荀子主要提出以下三个基本观点。

1. 人能群

在孔子已对周礼作出损益之后，荀子在这条路上走得更远。他从文化人类学的角度反思和理解礼乐文化，认为礼义是人类结成群体、组织社会、维持秩序的必要设施。荀子通过比较的方式，阐明人的社会群体性。他分析说，人的气力不如牛大，奔跑不如马快，但人为什么能够驾驭牛马呢？奥秘就在于人能够结成群体，以群体优势征服畜生。那么，人为什么能够结成群体呢？奥秘在于人类创造了一套用来协调人与人相互关系的礼义制度。“故义以分则和，和则一，一则多力，多力则强，强则胜物。”（《荀子·王制》）人的生理结构同动物相比，并没有什么优势可言；但是人是社会群体性的存在，是智慧的存在。要使这个群体社会有效地运作起来，就必须有礼义规范、社会分工、社会秩序；有秩序方能有分工，方能有和谐。荀子关于“礼”的看法是很务实的，比孟子的人性善更为深刻地看到人的社会组织性。荀子指出，正因为人类创造了礼义制度，所以才取得“最为天下贵”的地位。在人身上必须体现合群体性原则，依据礼义组织社会、建立秩序、分工协作。任何人都不是单个存在物，而是社会群体中的一员，都应对社会群体负责任、尽义务。在看重人的社会群体性这一点上，荀子和孟子是一致的。

荀子认为，礼义的作用在于“养人之欲，给人之求”，即协调各个社会阶层之间的利益关系。“礼”的含义是：“贵贱有等，长幼有差，贫富轻重皆有称者也。”（《荀子·礼论》）显然，荀子心目中的“礼”，是指君臣父子各守其位的君主等级制度。他不可能超出这个范围，我们不能用现代人的眼光苛责他。荀子作为古人，当时所能想到的政治体制，只有君主等级制度，不可能是民主共和制度。民主共和制度只能形成于市场经济发展起来以后，不可能出现在自然经济时代。在荀子看来，礼义就是不可或缺的治国之道。治理国家光靠仁义说教是不够的，必须制定强制性的礼义规范，约束人的行为。正是基于这样的看法，荀子才把儒家人道学的重点，由仁学转到了礼学。孟子是一个理想主义的儒者，比较重视仁学，不大重视礼学，鼓励“人主动地为善”，但没有拿出“使人被动地不为恶”的办法；荀子是一个现实主义的儒者，找到了“使人被动地不为恶”的办法，那就是礼义规范。治理国家必须依据礼义规范，用强制性的手段约束社会成员，借以维持社会秩序。在孟子那里没有讲透的地方，被荀子讲到位了。他使孔子提出的“约之以礼”的命题，获得丰富的内涵。

2. 人性朴

荀子关于人性的思考，从两个角度契入。从社会群体性的视角看，人能群，故而“人为贵”。一个“贵”字，表明他对人做出肯定的价值评判。尽管他没有明确地提出“人性善”，至少不能归结为“人性恶”。从个体的视角看，人不可能生来就懂得礼义规范，生来就会融入群体；个体接受礼义规范、融入群体，需要有个学习、训练的过程，故说“人之性恶，其善者伪。”（《荀子·性恶》）这个“伪”字，是“人为”的意思，就是说，个体必须经过学习和训练，方能认同社会群体性。就个体的人而言，人性相当复杂：其中既有社会属性，也有自然属性或动物属性。如果不对个体的动物属性加以限制，任其自然发展，便会表现为贪欲：“目好色，耳好声，口好味，心好利，骨体肤理好愉佚。”（《荀子·性恶》）正是基于这种分析，荀子才会有“人之性恶”的说法。他只是做出假言判断，强调作为个体的人有流于恶的可能性，并没有否定人的价值。不加分析地给他戴上

“性恶论者”的帽子，并不合适。荀子主张用礼义规范个体的行为，改造其动物属性，培育其社会属性。

把上述两个视角综合起来，荀子总的看法则是人性朴。“朴”是朴实无华的意思。个体的人性有如一张白纸，可以为善，亦可以为恶，具有可塑性。“朴”在价值判断上是中立的，但承认人具有可教化性，承认每个人都可以屏除恶性，培育善性。在荀子看来，“性”与“伪”是有区别的。“不可学不可事，而在人者，谓之性；可学而能，可事而成之在人者，谓之伪：是性、伪之分也。”（《荀子·性恶》）性是先天的素质，伪是后天学习的结果。他所说的“伪”，是指运用礼义法度对人性加以改造。荀子一方面说明性伪有分，另一方面又肯定性伪相容，承认人性有向善的可能性。他认为，化性起伪是通向理想人格的途径，因而后天的学习和修养对于个体来说是必要的。做人就应当不断地陶冶、改造人性，弃恶从善，从而使自己成为有道德修养、品格高尚的人。

3. 礼法并用

荀子的哲学思考同孟子相似，也是从关注人的社会群体性入手。他们的共识是：人并不是道家所说的那种自然存在物，而是有文化的存在物，是有社会群体性的存在物。可是，如何解释人的合群体性？他们的解释路径不一样。孟子阐发了孔子的仁学，从观念的层面考量人的社会群体性，认为人具有向善的类本性，主张以本然的善性为精神纽带，结成社会群体；荀子则阐发孔子的礼学，从现实的层面考量人的社会群体性，主张遵循礼仪规范结成社会群体，维系社会秩序。他们都试图消除诸侯国之间的纷争，在全国范围组建统一的、大规模的社会组织，建立安定和谐的政治局面。不过，他们拿出的政治方案不同：孟子主张施行仁政，荀子主张礼法两手并用。

为了使儒家的礼治主张不再流于空疏，获得可操作的现实品格，荀子重新解释了礼法关系。荀子认为，礼与法不是互不相容的对立关系，而是相辅相成的互补关系。“礼者，法之大分也，类之纲纪也。”（《荀子 · 劝学》）礼不仅仅是道德规范，其本身就具有强制性。从这个意义上说，礼就是广义的法，并且是最大的法。礼与法的区别在于，礼与“仁”构成兼容关系，具有道德感召力的强制性；法没有同“仁”形成兼容关系，是单纯的强制性。不过，在具有强制性这一点上，礼与法是一样的，因此，礼和法也可以相互兼容。经过这样的解释，礼治和法治在荀子那里有机地统一起来，不再构成孟子所描述的对立关系。在荀子那里，礼与法都是维系社会群体不可缺少的手段。他由此概括出“隆礼尊贤而王，重法爱民而霸”的政治哲学原理。他不同意孟子尊王贱霸的观点，主张王霸杂用，礼法双行。“粹而王，驳而霸，无一焉而亡。”（《荀子 · 强国》）荀子作为儒家大师，当然不会将礼法并列起来，等量齐观，他的王霸杂用主张，其实是以王道为主，以霸道为辅。他的这一主张，实际上为中国古代社会的统治者所采纳。汉宣帝直言不讳地说：“汉家自有制度，本以霸王道杂用之。”（《汉书 · 元帝纪》）儒家的礼学思想经过荀子的阐发，终于从理想层面落实到现实层面，对中国古代社会的政治生活发生了重大的影响，真正发挥了“以儒治国”的作用。

五、“拿得起” 诉求

儒家的理论特色和精神趣旨用三个字来概括，叫做“拿得起”；用两个字来概括，叫做“有为”；用一个字来概括，那就是“张”！儒家主张干事，主张积极有为。孔子、孟子为什么周游列国？还不就是找事干！他们忧国忧民，古道热肠，心怀天下。孔子暇不暖席，褥子垫儿还没有坐热乎，他又走了。他积极地找事干，“知其不可而为之”（《论语·宪问》），这种人生态度用现在的话来说，就是“拿得起”，有担当精神。儒家以“立德、立功、立言”为三不朽，主张以天下为己任。他们的信念是：“天行健，君子以自强不息。”（《周易·乾卦·象传》）他们的志向是：“士不可不弘毅，任重而道远。仁以为己任，不亦重乎？死而后已，不亦远乎？”（《论语·泰伯》）

中国古代画家笔下的梅、松、兰、竹，颜真卿的书法，岳母刺字的故事，范仲淹“先天下之忧而忧，后天下之乐而乐”的名句，顾炎武“天下兴亡，匹夫有责”的壮语，都是对儒家进取精神的彰显。杜甫被誉为“诗圣”，是因为杜诗中洋溢着儒家精神。他那“安得广厦千万间，聚天下寒士尽欢颜”的诗句中，高扬担当意识、责任意识，为后世传颂。

儒家鼓励人们“到朝廷里去做官”，不过做官不是为了发财，而是为了行道：“民之悦之，犹解倒悬也。”（《孟子·公孙丑上》）

在中国人的精神世界中，儒学构成激励系统。儒家好比是粮食店，好比是精神的加油站，激励着人努力向前，奋斗不已。对于人来说，粮食可谓须臾不可离，谁也离不开粮食店。人没有饭吃，活不成；没有精神食粮，同样也活不成。正是因为这个缘故，儒学才成为中国文化的主干，培育着自强不息的民族精神。

六、问答互动

问：宋老师，您好！我有两个问题。刚才您讲到荀子管理哲学这一块，提到礼法并用。我想问一下：在荀子看来，何为礼？何为法？这是第一个小问题。第二个小问题：荀子提出隆礼重法，在社会管理方面，运用礼和法的时候，有没有先后次序的问题？在什么时候或者在什么领域运用礼？在什么时候或什么领域运用法？谢谢！

答：你之所以产生这个问题，恐怕跟我们多年来的一些思想迷误有关。在讲“儒法斗争”的时候，常常把礼和法对立，认为那是两回事，所以你才会有礼与法孰先孰后的问题。其实在荀子那里，根本就不存在孰先孰后的问题。他的说法是：“礼者，法之大分，类之纲纪也。”（《荀子·劝学》）在他看来，礼就是法，法就是礼，礼跟法没有截然的界限，不存在孰先孰后的问题。我们仔细体会，礼和法在语义上还是有差别的。礼是结合着教化而谈的一种强制性。而法呢，那是指没有跟教化结合在一起的、单纯的强制性。这是一种完全把人看成利益关系的强制性。法家就不谈礼，只谈法。荀子认为法家的谈法不符合他的思想。荀子是韩非子的老师，韩非子得势之后，他不是很高兴，认为韩非的讲法不对。李斯也是荀子的学生，李斯做了秦相以后，荀子不但没有高兴，反倒气得一天吃不下去饭。法家只讲单纯的强制性，而荀子讲在道德规范约束下的强制性。他是把政治和伦理两个话题归并到一起讲，不讲单独的政治哲学或管理哲学。管理人必须两手并用：既要“隆礼尊贤而王”，又要“重法爱民而霸”。

问：宋老师，我想提个问题。对于儒家的宗旨，后来有人概括为“内圣外王”。内圣就是指内在的修为，外王就是您说的担当意识或责任意识。今天，我们提倡社会主义核心价值观，如何弘扬儒家的核心精神？请您谈谈这个问题。

答：“内圣外王”只是一个理想的说法，在历史上没有成为事实。在任何时候“内圣”都没有开出“外王”。明朝的张居正在当首辅的时候，有人问他：内圣能不能开外王？张居正沉思了片许，回答说：大概开不出来。内圣和外王分别关涉两个话题：“内圣”属于价值理性的问题，而“外王”属于工具理性的问题。二者之间不构成逻辑关系，从“内圣”推导不出“外王”来。有内圣的人，未必当得了外王，因为只是一个必要条件，并不是充分条件。除了内圣之外，当王的人还得有成为王者的才干，得有一套手段。“内圣外王”在孟子那里，只是一个美好的愿望。他自己不但当不成王，连个正经的官职都混不上，只是“客卿”，也就是编外官员。孔子生前也没成为王，去世多年以后司马迁写《史记》才把他称为“素王”，意思是有王之德而无王之位。由此可见仅靠“内圣”这一个必要条件，不可能开出“外王”来。连孔子都做不到，后儒中谁还能做得到？

儒家的核心的价值理念，恐怕不是内圣外王，而是社会和谐。这对于我们当下建构社会主义和谐社会有积极意义。儒家对于我们的最大的启示，就是要在人与人之间建立起一种文化的共识。我们都应当以人的态度对待他人，才有和谐可言。这就是“以人为本”。“以人为本”是一个针对性的提法，那就是反对“以人为敌”，反对“以阶级斗争为纲”的观念。如果“以阶级斗争为纲”，怎么可能谈得上建构和谐社会？你是讲不出来的。只有在否定“文化大革命”以后，才会有“以人为本”的提法。所谓“以人为本”，就是要求我们把他人作为一个人来看，对他人表示尊重。只有承认人与人之间有共通性，才有和谐社会可言。“以人为本”与儒家重教化的诉求是一致的。倘若离开教化，离开管理，建构和谐社会只能是一句空话。要把建构和谐社会落到实处，必须得靠两种力量：一种是思想政治工作。这是必不可少的。没了思想政治工作是万万不能的，但思想政治工作也不是万能的，还得有民主法制建设。制度的建设和思想的教育，这两条恰恰是我们从传统哲学智慧中得到的启示。我们当下建构和谐社会有两项重要任务，一是加强思想政治工作，二是加强民主法制建设。

第九章 先秦墨家思潮

在先秦时期，主要的哲学思潮除了道家和儒家之外，还有墨家。墨家在先秦时期也是具有原创力的主要学派，社会影响和学术影响不在道家与儒家之下。韩非把儒墨两家并称“显学”，孟子则把墨家视为儒家的主要论敌。他说：“杨朱墨翟之言盈天下，天下之言，不归杨，则归墨。”（《孟子·滕文公下》）他以“辟杨墨”为己任。

一、 思潮源流

墨家的创始人是春秋战国时期的墨翟（约前468—前376）。汉代人把他创立的学派，称为墨家。有人说墨翟曾师从孔子的弟子子夏，但证据不足，难以成立。墨家同儒家有些关联，都比较重视人的社会性或群体性，有些观点同儒家相似。但是也存在着很多分歧，所以儒墨两家又构成论辩的对手。墨家常常通过批评儒家阐述自己的主张。墨子的学生也很多，其中最有名的是禽滑厘。墨子是先秦时期第二个以私人身份招募学生、讲学授徒的学者。墨学在战国时期被韩非称为显学，也就是影响力比较大的学派。

墨家是“农与工肆之人”的代言人，主张“兼相爱，交相利”。墨家学派是个纪律严明的学术团体，其成员乐于助人，富有牺牲精神。作为儒家的论敌，墨家反对儒家“繁饰礼乐”“厚葬久丧”等主张，倡导强力、非乐、节用、节葬，有功利主义倾向。墨家重视实践，参加生产劳动，为发展中国古代的科学技术和逻辑学做出杰出的贡献。墨家学说反映庶民的利益与要求，故而不可能被统治者采纳，也不可能为政治统治提供理论依据。墨家讲究实用性，对中国科技发展具有很大的影响力。秦统一中国以后，封建制度在全国范围内逐步得以确立，墨家受到冷落，几乎成了绝学。直到近代，西方实证科学传入中国，墨家才再次受到学术界的重视。

按照韩非的说法，墨子去世后，墨家分化为相里氏、相夫氏、邓陵氏等三派。史称为后期墨家。墨家学派一直延续到战国时期，曾与名家探讨名实关系问题。《墨子》是弟子们关于墨子言行的记录，也有后学的著作编入其中。据《汉书·艺文志》记载，《墨子》一书有71篇，现仅存53篇。在中国古代，《老子》和《论语》是读书人的必读之书，整理出来的版本皆有数千种之多；《墨子》则没有这种荣耀，长期受到冷落，读者不多，版本也不多。近代学者孙诒让首次把《墨子》整理出来，编成《墨子间诂》。该书由中华书局纳入“新诸子集成”丛书，1986年出版。这是研究墨家思想的善本。其中有些文章，由内容相似的上中下三篇组成，大概同墨子去世之后“墨分为三”有关。

二、人天学进路

在中国哲学起步阶段，天人关系问题作为中国哲学的基本问题，有两个基本点：一个是“天”，另一个是“人”。研究天人关系问题，老子从“天”的角度入手，从“天”谈到“人”；孔子从“人”的角度入手，把“人”与“道”相联系，很少同“天”相联系。墨家也在寻找突破传统天命观、建构新的人道学说的路径。墨子既谈人，也谈天，同孔子有区别，可以说找到了第三条讲哲学的进路，即人天学的进路。

沿着人天学进路，墨家对“圣王之道”作出有别于儒家的阐释。

他们认为“圣王之道”应当包括尚贤、尚同、节用、节葬、非乐、非命、非攻、尊天、明鬼、兼爱等十项内容。墨家倡导的“圣王之道”，在形式上有神秘主义色彩，而在内容上十分务实，有明显的功利主义倾向。例如，墨子紧紧地把“兼相爱”同“交相利”联系在一起，他说：“今若夫兼相爱，交相利，此其有利且易为也，不可胜计也，我以为则无有上说（悦）之者而已矣。”“故兼者圣王之道也，王公大人之所以安也，万民衣食之所以足也。故君子莫若审兼而务行之，为人君必惠，为人臣必忠，为人父必慈，为人子必孝，为人兄必友，为人弟必悌。故君子莫若欲为惠君、忠臣、慈父、孝子、友兄、悌弟，当若兼之不可不行也，此圣王之道而万民之大利也。”（《墨子·兼爱下》）他从人与人的利益（“交相利”）关系出发，说明人与人之间的道德关系（“兼相爱”）。墨家并没有像宗教家那样，把神视为道德根源；也没有像儒家那样，把人性善视为道德根源。

墨家对“人”有更新的认识。他们认为，人与动物之间的本质区别，就在于人能劳动。从这种人道学观念出发，墨家自然不会认同传统的天命观念。在传统天命观的视域中，人是被动的，只能由天神来摆布；而在墨家的视域中，人是主动的，自己决定自己的命运。人可以通过自己的劳动，改变自己的生存状况，不必等待天神的恩赐。墨家以独到的思路突破了原始宗教的藩篱，发现了哲学意义上的人。墨子旗帜鲜明地提出“非命”主张：“命者，暴王所作，穷人所述，非仁者之言也。”（《墨子·非命下》）在墨子看来，传统的天命观不符合“圣王之道”，理当予以清除。墨家把“天”和“命”拆开来看，对于“天”保留形式，但更新其内涵；对于“命”，则坚决否定。墨家的批判意识建立在理性主义的基础之上，以自己的方式达到了哲学意识的自觉。

为了提升“圣王之道”的权威性，墨家才不得已从人讲到了天，用神学的外衣把理性主义内容包装起来。他们认同“天志”与“鬼神”观念，由此导致墨家思想中内容与形式的矛盾。在墨学中，内容为主导面，形式从属于内容。所以，墨家主要讲的是哲学，而不是宗教。

三、人为劳动者

墨家的第一话题是人。他们对人的本质有新的认识，强调人是劳动者。与道家和儒家的人学观念相比，这种认识应当说更为深刻。

在人学方面，道家取得的理论思维成果是：突破传统天命观的藩篱，认识到人是自然的存在。在传统的天命观中，人被视为被动的存在，被视为天神的附属物。人必须听命于天神，尤其是遇到重大事件，必须通过卜筮的方式，向天神请示该怎么办。道家提出“道法自然”的哲学理念，把人从天神的控制下解放出来了。按照道家的说法，天神和人都从属于“道”，都共同遵循“道法自然”的法则，故而在“道”的面前，天神和人是平等的关系。换句话说，天神不再是最高的主宰者，因此，人不必听命于天神，直接以“道”为皈依就可以了。道家的理论贡献在于，把人从天神的控制下解放出来，拉开了中国哲学的大幕。

儒家比道家前进了一步，认识到人是社会的存在、文化的存在或价值的存在。在道家的学说中，人不过是万物之一物，仅仅是一种自然的存在物而已，并不比其他自然物高贵。人在天神面前固然获得了主动性，可是在“道”的面前，仍旧没有主动性可言。儒家改变了道家关于人的这种看法，强调“人能弘道，非道弘人”。（《论语·卫灵公》）这意味着，人在“道”的面前，也不是被动的存在，而是主动的存在。在儒家看来，人并不是自然存在物中的普通一物，而是一种特殊的存在物。“人有气有生有知亦且有义，故最为天下贵也。”（《荀子·王制》）儒家把人和其他自然物区别开来，认为人是有文化的社会存在，而自然物是没有文化的自然存在，对人的本质有了新的认识。在儒家眼里，人有道德的追求、有价值的追求。人并不是自然之物，而是价值之物，所以说人“最为天下贵”。这个“贵”，就是有价值、有意义、有道德、有文化的意思。儒家认为，人在宇宙中处于特殊的位置，人头顶着天，脚踩着地，天、地、人同为三才。

墨家比儒家又前进了一步，有了一个更新的说法，已认识到人靠劳动存在。墨子强调，人是劳动者，劳动实践才是人的本质规定。人和禽兽的根本区别，就在于人会劳动。人必须靠辛勤劳动才能够生存，这就叫做“赖其力者生，不赖其力者不生。”（《墨子·非乐下》）墨子也从比较人和动物的差别入手，说明会劳动构成人的本质。动物生来就长着尖牙或利爪，可以用来捕食；而人二足而无毛，既没有尖牙，也没有利爪，如果不会耕种、狩猎，非得饿死不可。动物生就皮毛，就可以御寒；而人必须穿衣服，如果不学好织布缝纫，非得冻死不可。动物随便找个地方，就可以睡觉；而人必须盖座房子来居住，以此为生存的必要条件。人要想获得这些必要的生活资料，不能靠自然界的恩赐，只能靠自己从事生产劳动。人是靠劳动而生存的生命体，人必须劳动，才能生存。墨子把人看成劳动的存在，这是古代劳动人民在生产实践中形成的自我意识，在当时是一个深刻的、了不起的创见。

墨子所说的“劳动”是广义的，不仅农民种地、工人做工是劳动，王公大臣的治理国家也是劳动。王公大臣之所以早朝晚退，听狱治讼，因为他们懂得“强必治，不强必乱；强必宁，不强必危”（《墨子·非命下》）的道理；农民之所以日出而作，日入而息，是因为他们懂得“强必富，不强必贫；强必饱，不强必饥”（《墨子·

非命下》）的道理；妇女们之所以早起晚睡，辛勤纺织，是因为她们懂得“强必富，不强必贫；强必暖，不强必寒”（《墨子·非命下》）的道理。总之，“强力以从事”是人类生存的基本法则。由于墨家把人视为劳动的存在，而不像儒家那样，仅仅把人视为文化的存在，故而两家对待劳动的态度不一样。儒家比较重视书本上的知识，不大重视生产实践方面的知识，也不愿意参加生产劳动。有的学生向孔子请教如何种菜的知识，他很不高兴地说：我不如老圃；有的学生向他请教如何种地的知识，他说：我不如老农。墨子跟孔子不同，他崇尚朴素，崇尚劳动，有丰富的生产经验。据《墨子》记载，墨子有造车的本事。据韩非讲，墨子曾用三年的时间，做了一只木鸢，能在天上飞一整天而不落下来。他做的木鸢，大概是风筝的雏形，不过用纸做风筝比较轻，做起来难度小一些。在墨子时代还没有发明纸，全用木头做，难度显然比现在糊风筝大得多。墨子做的木鸢，大概可以算做是世界上最早的航空模型了。墨家的知识面比儒家宽一些，除了书本知识，还有生产实践方面的知识。

墨子强调人是劳动存在，同马克思把劳动看成人的本质，有相近的地方。不过，墨子所说的人，还是抽象的人；不可能像马克思那样，看到人的现实性。现实的人不是抽象意义上的劳动者，而是处在具体生产关系中的人。只有在生产力与生产关系的矛盾中，人的劳动本质才能逐步展现出来。尽管如此，还是应当承认，墨家作为中国早期的哲学流派，对人的劳动本质的认识最为深刻。就此而言，墨家比儒家更贴近人的本质。

在墨子看来，每个社会成员都是劳动者。那么，作为劳动者，应该如何处理人与人之间的关系呢？由此引出墨子哲学的第二个话题，即关于社会的看法。

四、 社会为互助体

由于人学观念不同，儒家和墨家构想的社会模式也不同。儒家心目中的理想社会，是靠仁联络起来、靠礼组织起来的社会群体；而墨家心目中的理想社会，则是“兼相爱，交相利”的社会互助体。“兼”有普遍联系的意思，强调个体乃是群体之中的个体，是社会共同体中的个体。倘若离开社会共同体，任何个体都无法存在。“兼”反义词就是“别”，即把个体与个体区别开来，把个体同社会对立起来。墨家主张“兼”，反对“别”。他们以理想社会为镜子，批评当下的社会乱象，试图找到一条走出乱世的出路，重建社会互助体。墨家提出十大主张，其中最主要的有以下几条。

一是尚贤，让崇尚贤人成为社会风气。墨子主张把有本事的人提拔上来，不管他原来社会地位如何，即所谓“英雄不问来路”。即便是普通民众，只要有本事，也可以提拔上来，绝不能把贫贱与否、门第高低当作用人的标准。墨子要求执政者为普通人提供一条从事政治活动的通道，改变世卿世禄制度。他希望执政的王公大臣，在政治上应当开明一些，“不党父兄，不偏富贵，不嬖颜色。贤者举而上之，富而贵之，以为官长；不肖者抑而废之，贫而贱之，以为徒役”。（《墨子·尚贤中》）他相信，倘若实行尚贤路线，肯定会收到良好的政治效果：“王公大臣明乎以尚贤使能为政，是以民无饥而不得食，寒而不得衣，劳而不得息，乱而不得治者。”（《墨子·尚贤中》）墨子借用“古之圣人”的名义，对尚贤主张作了这样的阐述：“虽在农与工肆之人，有能则举之，高予之爵，重予之禄，任之以事，断之以令。”（《墨子·尚贤上》）他主张用人不计出身，唯能是举，发出“官无常贵而民无终贱，有能则举之，无能则下之”（《墨子·尚贤上》）的呼喊，表达了劳动者参与国家大事的强烈愿望。儒墨两家都主张尚贤，但儒家是为士请命，要求从下层知识分子中选拔人才；墨家比儒家走得更远，为民请命，要求从庶民中选拔人才。从开放程度看，墨家超过了儒家；而从可操作性看，墨家不如儒家。儒家找到了从“士”中选拔人才的办法，那就是文化考试，考察掌握礼仪文化知识的程度，后来演变成科举考试，得到了落实。墨家没有找到从庶民中选拔人才的办法，无法得到落实，只能停留在说法上，没有落实到做法上。

二是尚同，把人们的思想观念统一起来，建立起层级管理的统治秩序，避免发生人与人之间、国与国之间的纷争。墨子指出，造成乱世的一个重要的原因，就在于人们的思想观念不统一。由于没有统一的是非标准，“一人则一义，二人则二义，十人则十义”。（《墨子·尚同上》）于是每个人都以其所持之义，攻击他人所持之义，以至于造成人人相交恶，甚至闹到“以水火毒药相互迫害”的地步，使社会不得安宁。怎么化乱为治呢？墨子提出的办法就是“立政长”。“是故选天下贤良圣知辩慧之人，立以为天子，使从事一同天下之义。”（《墨子·尚同中》）墨家不是无政府主义者，而是主张一层一层地建立政权机构，实行层级管理。天子是整个社会的最高领导者，通过天子，形成统一思想、统一领导的局面。尚同的基本意思，就是要求建立一个和谐有序的社会。墨子设计的政治制度，当然是一种专制主义的考量，不过，在公元前3世纪，他也不可能有别的选择。有的学者批评墨家有专制主义倾向，指责墨家反对民主，这实在是强古人之所难。在墨子时代，学者所能想到的建立社会秩序的唯一办法，就是建立君主专制制度，不可能想到民主制度。我们不能全盘否定墨家的尚同思想，因为这就是一种使社会和谐有序的理论构想。在尚同的诉求中，也包含着民主思想的因素，那就是天子民选的思想。在墨家看来，天子不是上天任命的，而是民众选举出来的；天子的权力不是上天赋予的，而是民众赋予的。天子应该为民众办事，应该是吃苦耐劳的楷模。至于如何通过层层选举的办法产生天子，墨家并没有拿出可操作的设计方案，故而“民选天子”的主张，不能不流于空谈。

三是节用，四是节葬，五非乐。这几条都是针对儒家提出来的。由于儒家把人看成文化的存在，因而把宴请、丧葬、娱乐等都看成文化上必不可少的安顿措施。在儒家看来，这些措施对于维系社会等级秩序不可或缺。儒家认为，不同等级的社会成员，应当享有不同的待遇。官和民在待遇上不能等量齐观，只有这样，才能把富贵贫贱区别开来，促使每个社会成员恪守各自的名分。墨家认为，每个生活成员作为劳动者来说，只有分工的不同，不能有社会地位的高低贵贱之别。基于这种朴素的平等观念，墨家反对儒家从文化的角度安排用、葬、乐，要求尽可能地节约社会财富，避免不必要的浪费，故而提出节用、节葬、非乐等项主张。墨子指出，人作为劳动者，应该珍惜辛勤劳动得来的社会财富。由于当时生产力水平比较低，社会财富有限，墨子特别反对铺张浪费。照他看来，平时吃饱肚子，使身体强壮就可以了，不必讲究排场，追求什么食前方丈、山珍海味；穿衣服夏能避暑、冬能避寒就可以了，不必讲究华丽的样式；住房子能遮风避雨、使男女有别就可以了，不必讲究什么雕梁画栋。在他眼里，儒家吃东西讲究“食不厌精，脍不厌细”，实在过于奢侈浪费了。他作为劳动者，有些看不惯，故而大力倡导勤俭节约之风。节葬也是针对儒家而言。儒家主张厚葬久丧，设计了一大套繁琐的丧葬礼仪。儒家主张，不同社会身份的人，应当享受不同的安葬待遇。生前的地位越高，死后的丧葬规格也越高。死者用几层棺材装殓遗体，棺材外面加上几层椁，最后修的坟冢有多大，都有明确的规定。死者若是父母，入葬以后，孝子还得守丧三年。墨家反对这些做法，反对厚葬，反对儒家视死如视生那套说法，理由就是影响生产。墨子主张薄葬，认为人死后用一个薄皮棺材简单装殓一下，就可以了，不必搞什么“内棺外椁”；也不必选什么风水宝地，随便埋在农田里就可以了；也不必立碑，不必树坟头，这样，对于农事便不会有什么妨碍。这是从生产者的视角看待丧葬问题：既体现出对逝者的尊重，又节约了社会财富，还体现出人与人之间的平等关系。儒家大力倡导礼乐文化，也受到墨子的批评。墨子提出非乐主张，反对“繁饰礼乐”。他的理由是：音乐既不能解决吃饭问题，也不能解决穿衣问题，没有任何实用价值，应当予以取消。总之，墨家反对儒家倡导的种种文化举措。墨家是生产主义者，主张取消一切非生产活动。墨家的经济意识比较强烈，而文化意识比较淡漠。

六是非命，批判儒家“死生有命，富贵在天”思想。墨子认为，儒家宣扬宿命论思想，有违人的劳动本质，是一种极其不健康的思想。如果人成为宿命论者，势必会降低劳动积极性。他说：“执有命者之言曰：命富则富，命贫则贫，命众则众，命寡则寡，命治则治，命乱则乱，命寿则寿，命夭则夭，命虽强劲，何益哉？上以说王公大人，下以驵（阻）百姓之从事。”（《墨子·非命上》）墨子认为，宿命论之所以站不住脚，有两条理由。一是不符合历史事实。无论商纣王时代的乱世，还是周武王时代的治世，都是人造成的，同天命无关。如果认为治乱、生死、富贵皆取决于天命，等于逃避做人的责任。二是不能证实。从“众人之耳目之情”来看，谁见过“天命”其物？由此可见，宿命论乃是“暴王所作，穷人所述。”（《墨子·非命下》）残暴的君王编出宿命论昏话，用来欺骗老百姓，千万不能当真。依据“人是劳动存在”的理论，墨子拒斥宿命论，坚信人的命运掌握在人自己手中；而要成为一个强者，就必须多付出劳动。墨子不相信有什么神秘的力量，在冥冥中掌控着人的命运。他相信，人通过自身的努力，就可以获得改变自己命运的现实力量。他不是一个神秘主义者，而是一个现实主义者。他从正确处理人际关系的角度，提出非命主张，鼓励人们强力以从事，试图为社会提供积极的价值导向。

七是非攻。墨子主张以和平的方式处理国与国之间的关系，反对发动战争，反对侵犯别的国家。墨子依据功利主义原则，为那些喜欢发动战争的诸侯王们算了一笔账，告诉他们：发动战争乃得不偿失的愚蠢之举。他分析说，在春秋时代人少地多的情况下，任何一个诸侯国，无论大小，都不缺少土地。无论哪个国家，人均占有的土地面积都相当多，根本没有扩充的必要。每个诸侯国缺少的并不是土地，而是劳动力。你发动战争，打仗是要死人的。你进攻别的国家，即便打赢了，得到的是你所不需要的土地，失掉的却是你所需要的劳动力，这样做，划得来吗？你们发动战争，破坏了本国正常的生产活动，失去了劳动力，这难道是明智之举吗？墨子用一个劳动者的眼光看问题，认为战争会严重影响生产，会使生灵涂炭。墨家和儒家一样，也喜欢到处游走，宣传自己的主张。有一句形容孔子周游列国的成语，叫做“暇不暖席”；也有一句形容墨子周游列国的成语，叫做“墨不突黔”。“突”是指烟囱。意思是说，墨子每到一个地方，没等到把烟囱烧黑了，就动身出发了。墨家传播的是兼爱之道，儒家传播的是仁爱之道，都为培育中华民族爱好和平的民族精神作出了贡献。中华民族之所以在世界上以爱好和平著称，被誉为“骄傲得不愿意打仗的民族”，同儒墨倡导的哲学精神有密切的关系。

墨子是一个和平主义者，主张非攻，但并非反对一切战争。他只反对发动侵略战争，并不反对防御性战争。墨家经常出面制止强国发动侵略战争，帮助被侵略的弱小国家守城。墨子是一位防御型的军事家。《墨子》一书中，有许多关于防御的军事学论著。有一次，墨子听到楚国将攻打宋国的消息，便急忙赶到楚国的首都郢城，想说服楚国打消侵犯宋国的念头。当时在楚国的公输班（鲁班）发明了一种攻城的器械，叫做云梯，自以为有必胜的把握。墨子对公输班说："我已找到了破云梯的方法。"于是，两个人便在楚王的殿前演习起来。公输班的攻城器械被墨子一一破解，公输班依旧不服气，笑笑说："我还有攻破宋国城墙的办法，我不说。"墨子也笑一笑，答道："你的办法无非是现在把我杀掉，可是杀了我也无济于事，我已派我的众多弟子守在宋国的城墙上了。"这就是墨子"止楚攻宋"的故事。

八是尊天，九是事鬼。这两大主张放到下文谈。

墨家上述九大主张，归结为最根本的一条，就是兼爱。墨子主张每个人都本着相互有利的原则，来处理人际关系，相互关爱，相互帮助，造就互利合作、和睦相处的社会环境。这是一个劳动者的互助观念在哲学上的反映。儒墨两家都发出"爱的呼唤"，都主张人人相亲相爱，都试图为民族群体意识的形成找到一个凝聚点。儒墨两家都希望用一个爱的纽带，把每一个社会成员联系起来，形成民族整体。墨家和儒家的目标是一致的，但是论证的理由和途径不一样。墨家主张"兼爱"，儒家主张"仁爱"，既有相近之处，也有不同之处。儒家提出的"爱人""泛爱众"，建立在非功利主义的道德情感诉求之上，主张由内在的道德本性发散开来，推己及人，最后形成博爱风气。儒家强调"爱有差等"，爱有层级性。人首先要自爱自尊，有了这样的"修身"意识以后，发散开来，推广到家庭成员，这就是"齐家"；然后再推广到朋友，推广到远人；最后达到"治国""平天下"的目标。在儒家看来，一个人爱自己，才能爱家庭，才能爱社会。爱的对象不一样，爱的程度当然也有所不同。假如爱自己的亲人同爱陌生人是一样的话，那么，首先不是把陌生人当成亲人，而是把亲人当成陌生人！

墨家讲“兼爱”，建立在人与人之间利益关系的考量之上，反对儒家的“爱有差等”之说。墨家要求每个人不必看重自己作为家庭成员的身份，直接把自己当成社会成员就可以了。墨家根据互惠原则论证爱的必要性：你只有去爱别人，才能从别人那里得到爱的回报；只有互相关爱，才能利己利人。倘若每个人都抱着利他的态度，那么，整个社会自然就安定和谐了。墨家不像儒家那样，从道德根源、道德情感出发，来论证爱的普遍性，而是从功利主义出发，来论证爱的普遍性。兼爱思想的理论基础，建立在“人是劳动的存在”的观念上；而劳动必定同功利目联系在一起。墨家的兼爱伦理学，是一种功利主义伦理学，想法是美好的，也是善良的，可是在理论上有漏洞，难以自洽。按照兼爱的逻辑，你爱他人，必然会从他人那里得到爱的回报。事实上并不是如此。尽管你爱他人，可是，他人未必一定用爱来回报你。墨家把道德的根源完全归结为利益关系，在理论上难以说得周延，因为从利益关系出发，无法推导出具有普遍意义的善。这是所有功利主义的哲学家都无法解决的难题，墨家也不例外。

五、天为终极担保

在墨子的视界中，天既不是主宰之天，也不是自然之天，而是义理之天，是为了担保“圣王之道”而预设的一种超人间的精神力量。墨子认为，在兼爱方面，有一种比人还自觉的精神力量，那就是天志和鬼神。人应该以天志和鬼神为效仿的榜样。

1. 天志

墨子承认天有意志，他叫做“天志”。不过，他所说的“天志”，不是抽象的，而是具体的：“天之意，不欲大国之攻小国也，大家之乱小家也。强之暴寡，诈之谋愚，贵之傲贱，此天之所不欲也。”

(《墨子·天志中》)由于墨子提出天志说，许多学者对墨家的思想价值估价不高，认为墨家维护传统的天命观，比儒道两家落后。这种看法值得商榷。我们不能只从字面上了解墨子的天志说，而要看一看它的实质内容，再下结论。由于墨子把人理解为劳动的存在，了解为主动的存在，而不是被动的存在，所以，墨子并没有把天看成无所不能的主宰者，没有像基督教那样把天视为"万能的主"。墨子承认"天志"，但绝并不是维护传统的天命观念。他只不过假借天的名义，宣传他自己提出的兼爱、非攻、强力等新观念而已。在中国哲学史上，天有三义：主宰之天、自然之天、义理之天。其中第三义义理之天是墨子率先提出来的。他从对人的理解中，推演出义理之天的观念，意在把天说成兼爱原则的终极担保者。晚于墨子的孟子，也是这种思路。他从人性善出发，推演出天性善，把天视为性善的终极担保者。他们思路大体上是一致的，都是消解了主宰之天，树立起义理之天，都想利用天的权威性，表达自己提出的新观念。墨子说得十分直白："我有天志，譬若轮人之有规，匠人之有矩。轮匠执其规矩，以度天下之方圆，曰：中者，是也；不中者，非也。"(《墨子·天志上》)他已抹去了罩在"天"上的神秘灵光，将其诠释为促使兼爱原则得以落实的工具。在墨子的思想中，天的形象并不狰狞可怕，倒像是一位和善的老人，专门为老百姓做好事。崇尚义理之天，是墨子的发明，为后世的孟子所仿效。

2. 鬼神

墨子除了肯定天有意志之外，还肯定鬼神的存在。鬼神同天一样，虽具有超人间的力量，却体现着人所需要的精神。如果说天是兼爱原则的担保者，那么，鬼神则是兼爱原则的维护者和监督者。在墨子的眼里，鬼神都有爱心，并不是害人的恶魔。鬼神专门惩恶扬善，惩罚霸道的强者，保护受欺凌的弱者，好像行侠仗义的侠客一样。

尽管墨子保留了天、鬼神等传统观念，但已经在其中注入新的理论诉求，变成了维护兼爱原则的手段。从形式上看，墨家的天鬼思想无疑是落后的；而从内容上看，则是进步的，不能一概否定。这实际上是一种关于人道原则的特殊表达方式。在墨子哲学中，天学是为人学服务的。墨子树立起天和鬼神的权威，真正的意图是要建立一种对于王权的监督机制。他的希望是：

“天子为善，天能赏之；天子为暴，天能罚之。”（《墨子·天志中》）

令墨家料想不到的是，他们所设想的天，实际上非但没有起到监督王权的作用，反倒可以为帝王所利用，成为君权神授的口实。在君权神授的掩饰下，帝王们为所欲为，使得墨子的良好愿望，不能不落空。

六、“讲奉献” 诉求

墨家是利他主义者，倡导助人为乐，倡导为社会安宁无私奉献，甚至牺牲自己的生命，也在所不辞。他们的诉求是“到民间去殉道”，有别于道家“到山林去修行”，也有别于儒家“到朝廷去做官”。墨家认为，每个社会成员都应该是一个无私的奉献者。“有力者疾以助人，有财者勉以分人，有道者劝以教人。”（《墨子·尚贤上》）墨家尊重劳动，尊重人才，珍惜社会财富，维护社会秩序，反对发动战争，向往安宁、和平、和谐的社会，表达了广大劳动者的良好愿望。

儒家崇拜的圣人是周朝的文王、武王、周公，而墨家崇拜的圣人则是大禹。墨家之所以选择大禹，一是夏朝比周朝更久远，可以在气势上压过儒家一头；二是大禹有治水的功绩，三过家门而不入，常年在外奔波，身体偏枯，“腓无肉”，完全是一个刻苦自立的劳动者的形象，能够体现墨家的精神诉求。

墨家的吃苦耐劳精神是令人钦佩的。墨子摩顶放踵，手足胼胝，面色黧黑，穿粗布衣服，短打扮，穿草鞋，吃粗粮，生活节俭，反对铺张浪费，贴近社会下层，是个典型的劳动者的形象。庄子并不赞成墨家的学说，可是不能不佩服墨子的人格。他在《天下》中感叹道："墨子真天下之好也，将求之不得也，虽枯槁不舍也，才士也夫!"

墨家是行侠仗义的力行主义者，乐于帮助弱小国家抵御、抗击外强的进攻，富有牺牲精神。"墨子服役者百八十人，皆可赴火蹈刃，死不还踵。"有位名叫孟胜的钜子，为楚国阳城君守城，"弟子死之者百八十人"。

由于墨家思想的庶民倾向太重，不可能成为官方哲学，但在民间却有广泛的影响。"墨门多勇士"，故而鲁迅有"墨之后为侠"之说。墨家可以说是中国武侠文化的源头，也可以说是中国会党文化的源头。

七、问答互动

问：宋先生，我有一个问题。您说墨家认为人是劳动者，后来的儒家，比如孟子，也讲过类似的意思。孟子把人分为劳心者和劳力者，他说："劳心者治人，劳力者治于人。"我想问：他们之间的看法有什么区别?

答：这两者的区别，实际上孟子已经挑明了，因为"劳心者"不是劳动者，"劳力者"才是劳动者。在孟子那里，"劳动"的概念是狭义的；而在墨家这里，"劳动"的概念是广义的。墨家认为王公大臣早朝晚宴，也算是劳动者。孟子是站在等级制的角度说的，墨家虽然也有等级制的观念，但在劳动这一点上，大家没有等级可分，只有分工的区别。

问：宋老师，您好！刚才您谈到墨子关于天和鬼神的思想时说，那只是一种义理上的担保。可是，有一种观点认为，墨子谈天和谈鬼神，有判别人间善恶的味道，其实是有一种意志存在。这种意志还是有“主宰之天”的味道。从这一点来看，墨子谈天和鬼神，是不是还有比较浓的宗教色彩？

答：墨家的宗教色彩肯定是有的。至于浓不浓，看我们从哪个角度看。广义地说，所谓宗教无非是“人间力量采取超人间的形式”，在这个意义上，墨家的宗教意味比较浓，至少比儒道两家浓。狭义地说，宗教应当有系统教义、仪轨、组织，这些墨家都没有，其宗教意味算不上浓。墨家谈天，但没有把天完全当成顶礼膜拜的对象，没有把天看成人的命运的主宰者。在墨家那里，天只是人间道义原则的担保者，并不是“万能的主”。只有把天看成“万能的主”，像基督教那样，才是真正严格意义上的宗教。我们可以说墨家有宗教色彩，有宗教倾向，但不能说墨家是宗教。这是我的观点。

第十章
魏晋玄学思潮

在汉代“大一统”的语境中，中国哲学落入低谷。在先秦时期，诸侯纷争，没有人干预学术，有良好的发挥思想原创力的语境。哲学家可以自由思考，自由争辩，自由地游走于各个诸侯国之间。到汉代，已建立“大一统”的全国政权，哲学家已经无处可走了。哲学家的独立话语权实际上被剥夺了，只能在皇权至上的语境中讲学问，不能公开发表任何对皇权不利的言论。形象地说，他们不得不在皇权的笼子里跳舞。皇帝掌握政权，也掌握文权，实行政治专制主义，也实行文化专制主义。皇权限制哲学家的学术自由，影响了他们思想原创力的发挥。在这种语境中，哲学家不得不傍依天上的神权，傍依地上的皇权，傍依古代的圣贤。他们即便提出原创性的学说，也不敢自我标榜，只能借助“代天立言”或“代圣贤立言”的权威话语形式表达出来。在这种语境中，中国哲学尽管没有成为神学的婢女，但实际上已成为政治的婢女。到魏晋时期，“大一统”解体，“天”塌下来了。那种“半是哲学，半是神学”的经学，遭到了冷遇；那种束缚人们的行为和思想的政治哲学话语，更是令人生厌。于是，中国哲学又掀起一个小高潮，玄学思潮问世了。玄学虽然没有完全摆脱名教话语的纠缠，毕竟再次跨入自由思考的哲学门槛。

一、 思潮源流

玄学是魏晋时期出现的社会思潮，是中国哲学史上继经学之后，又出现的一个理论形态。玄学之“玄”，典出《老子》第一章“玄之又玄，众妙之门”。魏晋时期的新派哲学家，很喜欢这个“玄”字，用以表示自己的学问高深。这些新派哲学家被称为玄学家。按照汤用彤先生的研究，玄学的称谓，有三层具体的内涵。一是玄理、玄论、玄言。谈论的话题为抽象的本体论问题，思辨性很强。二是玄妙。讲者看重义理，不拘泥于文句；只谈高深的理论，不谈具体的人和物以及解决具体问题的办法。三是玄静。讲者不抱功利目的，只追求精神上的自由和人格上的玄远。

汉代经学失掉了思想控制力之后，士人重新找到言论自由、思想解放的感觉。几位好友经常聚在一起，挥麈清谈，互相辩难，互相启迪，竟成为一种时尚。在清谈成风的氛围中，玄学家脱颖而出，表现出思想的原创力，开拓出中国哲学的新局面。在学术界引领风骚的人物，不再是那些皓首穷经、咬文嚼字的冬烘先生，而是学思敏捷、才华横溢的风流名士。

玄学家弱化经学名教情结，开始把注意力由政治哲学转向半政治哲学，游移于政治哲学与人生哲学之间。经学家讲政治哲学，可以采用权威主义的讲法，以势压人；而玄学家涉入人生哲学，则必须采用自由主义的讲法，以理服人。那时中国处在分裂状态，为玄学家提供了合适的语境，允许他们自由的探索、思考和清谈。士人有活动空间，“此处不留爷，自有留爷处”，可以游走于各国之间，同春秋战国时期有些相似。在魏晋时期，小君主们也都努力笼络士人，谁都不想背上“迫害士人”的黑锅。就连霸道的曹操，被名士祢衡臭骂了一顿，还得想办法借刀杀人。

引领玄学风气的领袖人物是何晏（190—249）。他是何进的孙子，又是曹操的养子，出身名门，位于贵族。他年少成名，好言老庄，风流倜傥。据《三国志·魏书·曹爽传》记载，何晏“性自喜，动静粉帛不去手，行步顾影”，人称“傅粉何郎”。他是曹氏集团的重要成员，被曹爽视为心腹，官至侍中、尚书，典选举。后来被司马懿杀死。在正始年间，他与夏侯玄、王弼等人倡导玄学，开启清谈风气。

在生活实践中最能体现名士风度的玄学家，当属活跃在云台山一带的竹林七贤，他们是嵇康、阮籍、向秀、山涛、刘伶、阮咸、王戎。七贤中最负盛名者，应为嵇康和阮籍。他们对世法不满，追求超凡脱俗的人生境界，希望找到一种与众不同的精神生活方式。他们多才多艺，文笔出众，常有佳作问世。他们擅长清谈，常有惊世骇俗之论，时人颇有“如野鹤之在鸡群”之感。他们喜欢喝酒，喜欢服用五石散，希望借助酒精和药物麻醉神经，力求进入逍遥自足的精神境界。阮籍“酣饮为常”，有时数月处在醉酒状态。刘伶也是喝酒喝出了名，后世竟有人编写剧本《刘伶醉酒》，在舞台上演出。他们企慕玄远，不问俗务，远离政治漩涡，希望在乱世之中明哲保身。他们放浪形骸，不拘小节，“扪虱而谈”，特别看重精神生活，而不以实际生活为意。

在理论上有建树的玄学家是王弼、裴頠、郭象。他们依据的文本，不再是五经，而是《老子》《庄子》《周易》等“三玄”以及《论语》。玄学以贯通儒道为特色，以另立新说为追求。王弼（226—249），字辅嗣，魏山阳（今河南焦作市）人，是曹魏时期著名的玄学家。他奠定了玄学的基础理论，是贵无论的代表。主要著作有《老子注》《周易注》《论语释疑》等，皆收入楼宇烈编校的《王弼集校释》中。裴頠（267—300）字逸民，河东闻喜（今属山西）人，是崇有论的代表。他的著作大都遗失，现在只能读到《崇有》一篇，篇幅也不长，共有1368字。郭象（252—312），字子玄，河南洛阳人，是独化论的代表。他的主要学术著作是《庄子注》，收在清人郭庆藩的《庄子集释》之中。

二、 体用之辨

玄学家重新启动哲学航程，集中表现在解构经学家“天在人上”这种半哲学半神学观念，把天人视为一个有机的整体。于是，他们便由天人关系问题，演绎出体用关系问题，实现了中国哲学基本问题的第一次变形。“体”的提出，是玄学家的一大重要发现，标志着他们已达到了本体论意识的自觉。

在玄学中，“体”是指天人之所以能够构成整体的终极依据。“体”把天与人联系在一起。在经学家那里，只能讲出天人外在的合一：天是目的，人是手段。天人合一就是把人“合”到主宰之天那里去，听由天的摆布（实际听由皇帝摆布）。在这种思维框架中，不可能提出“体”的追问。玄学家突破了经学家天人两界的观念，把两界合成一个整体，方有“体”的追问。他们不再拘泥于宇宙论哲学视角，而转向了本体论哲学视角。在玄学家的视野中，天与人同为一个“体”的组成部分。二者合一不建立在外在关系上，而是建立在内在关系上。天不再是人的目的，人也不再是天的手段。玄学家把天人合一建立在本体论基础之上。“体”或“本”是玄学家最高的哲学理念，他们以这种理念解释宇宙，解释社会，也试图以此安顿人的精神世界。

在玄学中，“用”是一个含义复杂的中国哲学范畴，不能完全等同于西方哲学所说的“现象”。在西方哲学中，“现象”只是关于存在的哲学范畴；而在中国哲学中，“用”既是关于存在的事实判断，也是关于社会和人生的价值判断。“用”相对于“用者”而言，也就是相对于人而言。只有对人来说，才谈得上“用”，即“为人所用”；至于对于物来说，无所谓用或不用。“体”对应着“天”，“用”对应着“人”。体用之辨实则是天人之辩的深化。在玄学中，本体的“用”途，分为两种。一是“大用”。“体”运用于社会生活实践，支撑起名教大厦，为名教提供终极依据。这是半政治哲学意义上的“用”。二是“小用”。“体”运用到个人的精神生活中，为个人搭建精神世界，提供一个支撑点。这是人生哲学意义上的“用”。

三、“体”的追问

关于何者为“体”，是一个极其抽象的哲学理论问题，玄学家们不可能达成共识。大体说来，有以下三种观点。

1. 贵无论

王弼贵无论的核心论点是“以无为本”。为什么说本体为“无”？王弼的理由是：作为人天统一体的本体，不可能归结为实际世界中任何具体的存在物。从抽象的意义上说，只能归结为“无”。他说：“天下万物，皆以有为生；有之为始，以无为本；将欲全有，必反于无。”（《老子注》第四十章注）他明确地将“无”诠释为“全有”，而没有诠释为虚无。他“贵无”，但不是虚无主义者。

世界万物作为具体存在的东西，不可能自己规定自己，而被“无”这个本体所规定。因此，要了解万物全体之有，形成整体的世界观，就必须把握它的根本——“无”。在宇宙间，任何具体物之有，都是有限的，此物不是彼物，事物之间界限是明确的；然而，各种事物之间，又是相互联系着的，此物有可能转化为彼物，事物之间的界限又是模糊的。万事万物构成一个有机的整体，显示出发展的无限性。此物转化为彼物的原因，不能在此物自身中得到解释，必须追溯到终极本体。这个本体不是任何具体的存在物，必须是抽象的、无限的普遍联系。从这种推论中，王弼得出“以无为本”的结论。他所说的“无”，有“无限”的意思。在他看来，有限的现象世界只能通过无限的本体得到哲学解释。“无”作为本体，把此物与彼物沟通了，为事物相互转化提供了哲学依据，为宇宙万物的多样性提供了哲学依据，为宇宙发展的无限性提供了哲学依据。

在王弼哲学中，“无”“自然”“道”都是同等程度的本体论观念。“道不违自然，乃得其性。”（《老子注》第二十五章注）本体既是宇宙万物的终极依据，也是政治制度的终极依据，尤其是名教的终极依据。依据贵无论，王弼试图对设置名教的必要性，做出本体论证明。他认为，名教伦理规范作为“应然”，其正当性来自“自然”，来自本体。“顺自然而行，不造不始”，“因物自然，不设不施”。（《老子注》第三十七章注）圣人正是根据自然本体，“立名分以定尊卑”，制定出规范人们行为的伦理纲常。名教出于自然，本于自然，执政者运用纲常名教来治理人民，必须遵循自然原则，把名教与自然统一起来。只有这样，名教的作用，才能真正显示出来、发挥出来。对于名教的接受者来说，只有从本体论的意义上认同名教的正当性，才不会把名教视为异己的约束力，才会真诚地、自觉地接受仁义礼法的规范，才会变他律为自律，才会避免使名教流于伪善。王弼不把名教视为异己的力量，视为压制人性的力量，而要求人们真心诚意、自觉自愿地接受儒家伦理规范的约束，变他律为自律，希望借助道家的自然学说解决名教流于伪善的问题。

王弼没有摆脱名教情结，主张名教出于自然，以道释儒，是个补台派。认同贵无论的竹林七贤，力图摆脱名教情结，主张“越名教而任自然”，以道抗儒，有拆台派倾向。他们不讲政治哲学，只讲人生哲学。不过，他们在玄学中不占主流。

从语义学上讲，“无”是一个否定的语汇。尽管王弼用“无”表示“无限”，但并不能排除“虚无”的意思。在另一派玄学家看来，用否定性范畴“无”表示本体并不恰当，不如用肯定性范畴“有”字更为贴切。于是，从贵无论引导出崇有论。如果说贵无论是正题的话，那么，崇有论可以称为反题。

2. 崇有论

裴頠提出崇有论，其核心论点是“总有”为本体。贵无论选择的思想路线，是从具体走向抽象，把千差万别的“有”归于无差别的“无”。可是，遇到的难题是：从无差别的抽象的“无”，怎么可以演绎出千差万别的、具体的“有”呢？贵无论可以解释世界的统一性，却无法解释世界的多样性。裴頠正是抓住贵无论的这个理论困难，为崇有论找到了立论的基点。王弼所说的“无”，虽有“无限”或“无名”的意思，但无法排除“虚无”的意思。从“虚无”的意思上解构王弼的本体论，显然是合适的突破口。裴頠以此为下手处，依据“无不能生有”的逻辑，推倒贵无论的根基。他说：“夫至无者，无以能生，故始生者，自生也。”在古代人眼里，“无中生有”是不可能的事情；一旦将贵无论推到逻辑上的不可能，就意味着在学理上将其驳倒。按照裴頠的界定，所谓“无”，就意味着什么都没有；既然什么都没有，怎么可能逻辑地导出“有”来呢？对于贵无论来说，这的确是一个无法回应的质问。裴頠接受王弼抽象本体论思路，却不认同贵无论观点。在他看来，“无”意味着对世界的否定，对于“有”没有解释力；只有把本体理解为“有”，才不至于陷入“无中生有”的困境。他关于本体的看法是：“夫总混群本，宗极之道也。方以族异，庶类之品也。形象著分，有生之体也。化感错综，理迹之原也。”（《崇有论》）

第一句话的意思是说，作为“宗极之道”的本体，只能在万物之中寻找，不能到万物之外寻找。第二句话的意思是说，抽象的观念（“方”）离不开具体的事物（“庶类”）。第三句话的意思是说，千差万别的具体事物的发生和变化，都是“总有”的体现。第四句话的意思是说，抽象的道理体现在各种事物相互作用的错综复杂的变化过程之中。总之，“总有”才是本体，它贯彻在宇宙万有之中，没有脱离宇宙万有而处于虚无状态。如果用本体论理念把握宇宙万物的话，这个理念只能是“有”字，而不能是“无”字。他要求用崇有论取代王弼的贵无论。

王弼的本体论思考，以抽象的“有”为出发点，形成更为抽象的本体论观念“无”，强调“将欲全有，必反于无”。裴頠的本体论思考，则以具体事物之“有”为出发点。他认为，任何具体存在物都不是单独的存在，只能与他物相联系而存在，“有之所须，所谓资也；资有攸合，所谓宜也。”（《崇有论》）此物的存在离不开他物，事物之间构成“以有济有”的普遍联系，因此，只能从这种普遍联系中寻求终极本体。任何具体的存在物都是自生的，不是从无中派生出来的；“自生而必体有”，所以万物之间的普遍联系不可能称为“无”，而只能称为“有”。既然天地万物都是“有”，推而论之，终极本体也应该是“总有”。这样，他就把“总有”放到了本体论的位置。一方面，他把“无”的一般性取消了；另一方面，又把“总有”作为宇宙万物的共性，突出出来了。

裴頠认为，每个具体的存在物作为分有，都是“总有”本体的表现形式。各种事物相互联系，都处在“总有”的普遍联系之中；每个具体的存在物皆有所禀赋，“所禀者偏，偏无自足，故凭乎外资”，这个禀赋就来自于“总有”本体。“总有”本体为具体事物提供了终极的哲学依据。不过，裴頠提出的崇有论，依然是一种抽象的本体论，因为裴頠始终没有交代清楚“总有”到底是什么。没有内容的“有”跟“无”，实际上没有原则区别。崇有论同贵无论一样，都属于抽象本体论。

贵无论以道家学说为主导，并且导引出以道家否定儒家的倾向；崇有论作为贵无论的反弹，以儒家学说为主导，然而对道家缺少同情的理解：二者都没有把儒道两家融会贯通，存在着倚重倚轻的情形。于是，引导出玄学的第三个向度，即独化论。独化论可以说是贵无论与崇有论的合题。

3. 独化论

通过评判贵无论和崇有论，郭象提出独化论。他不认同王弼的贵无论，也不认同裴頠的崇有论，认为这两种本体论学说在理论上都存在困难。贵无论遇到的困难是，不能回答“无”何以可能产生出“有”的问题。郭象分析说：“无既无矣，则不能生有；有之未生，又不能为生。”（《庄子·齐物论注》）崇有论同样遇到不可解决的难题：“有”何以能化为“无”呢？他分析说：“非唯无不得化而为有也，有亦不得化而为无矣。是以夫有之为物，虽千变万化，而不得一为无也。不得一为无，故自古无未有之时而长存。”（《庄子·知北游注》）通过对贵无论和崇有论分别加以检讨，郭象得到的启发是：无论是贵无论，还是崇有论，都是从静态的视角寻求本体；任何静态的本体观念，皆不能对千变万化的宇宙做出合理的解释。因此，必须放弃静态的视角，另辟蹊径，从动态的视角寻找本体，以动态的本体论观念把握动态的宇宙总体。从动态的视角看，表示本体的观念，既不是一个“无”字，也不是一个“有”字，而应当是一个“化”字。

他认为，“化”才是宇宙万物的终极本体。他把“化”同“独”联系在一起，形成“独化”这一本体论观念。在郭象哲学中，“独”有“唯一”的意思，表明本体之“化”具有终极的、至上的性质，是解释宇宙万物的唯一本体论依据，在逻辑上不能再追溯了。“独化”具有不可言说的性质，郭象称之为“玄冥之境”。玄冥这一术语来自庄子，有混沌不分、难以言表的意思。郭象借用这个术语表示本体具有不可言说的终极性。他说："玄冥者，所以名而非无也。"（《庄子·大宗师注》）"物自物尔，故冥也。"（《庄子·知北游注》）。本体有别于任何具体存在物，仿佛是"无"，但并不是非存在意义上的无；本体是任何具体存在物成其为物的终极原因，仿佛是"有"，但不是具体存在意义上的有。"化"既不能归结为"无"，也不能归结为"有"，而是"有"和"无"的统一。

王弼的贵无论和裴頠的崇有论，都是一种从正面讲本体论的讲法，告诉人们本体是"无"抑或是"有"。郭象找到了一种从反面讲本体论的讲法，并不告诉人们本体是什么，拒绝从正面表述本体的意涵，只能从反面表显本体的存在。冯友兰形象地把这种讲法，称为"负的讲法"，比喻为国画中"烘云托月"的技法。画家不直接画月亮，而是画云彩，留下的圆形空白就是月亮。郭象只肯定"独化"的本体论意义，但不再对"独化"做出解释。

郭象强调，本体只是一种抽象的境界，并不是某种东西。他接受庄子"齐物论"的观点，反对把本体说成在宇宙万物之先、单独存在的造物者。他分析说："谁得先物者乎哉？吾以阴阳为先物，而阴阳即所谓物耳。谁又先阴阳者乎？吾以自然为先之，而自然即物之自尔耳。吾以至道为先之乎？而至道乃至无也。既以无矣，又奚为先？然则先物者谁乎哉？而犹有物无已。明物之自然非有使然也。"（《庄子·知北游注》）如果把本体看成某种东西的话，可以无止境地追问下去，不会得出任何结论。基于这种分析，他的得出的结论是：具体事物并不是本体的创造物，不能把本体等同于造物者。每种事物都处在"独化"过程之中，"凡得之者，外不资于道，内不由于己，掘然自得而独化也"。（《庄子·大宗师注》）郭象不愿意像庄子那样把本体称为"道"，因为"道"的称谓仍有把本体实体化之嫌。每种事物自尔、自得、自生，并不意味着自己规定自己、自己就是自己的原因。任何事物的存在，“内不由于己”，仍需以本体为终极依据，变化于“玄冥之境”中。任何事物都不能脱离本体单独存在。举个例子说，“人之生也，形虽七尺而五常必具，故区区之身乃举天地以奉之。故天地万物凡所有者，不可一日而相无也”。（《庄子·大宗师注》）具体事物都属于个体，而本体则属于总体。个体不能脱离总体，只能以总体为前提，存在于同他物的相互联系之中。郭象不再像王弼那样把本体视为“母”，把具体事物视为“子”，特别强调具体事物与本体的关系的统一性：事物离不开本体，本体也离不开事物；本体与事物同在。同贵无论和崇有论一样，独化本体论也是一种整体主义的哲学抽象。

基于整体主义的本体论立场，郭象认为事物发生变化的原因只能通过本体得到解释，不能从各个事物之间的关系得到解释，反对裴頠“以有济有”的说法。在他看来，各种事物之间不存在因果联系，不能把彼物看成此物的原因；根本原因只有一个，它来自“玄冥之境”，难以言说。人通常以为，形体是影子的原因，影子是罔两（影子外的模糊轮廓）的原因，郭象不同意这种常识的解释。他指出，如果只在事物之间找原因，势必导致造物者为源头的观念。由于否认造物者的预设，故而郭象认为形体、影子、罔两都独立存在，相互之间并不构成因果联系，“玄冥之境”才是他们共同的原因。同样，“唇亡”不是“齿寒”的原因，乃是没有因果联系的两码事。郭象不否认事物之间存在着普遍联系，但他把这种联系抽象化了。由于不承认事物之间存在着具体的因果联系，他形成一些反常识的看法。这就使他的本体论学说，不能不带有神秘主义的色彩。

四、 由体致用的困惑

“名教”是经学政治-伦理哲学体系中的核心观念。它的伦理意涵，是指纲常伦理之类的道德规范；它的政治意涵，则是指君主专制主义制度。随着东汉王朝的灭亡，名教陷入了危机，不能发挥规范人心的作用了。怎样挽救名教的危机？怎样使之重新发挥作用？这是玄学家所面对的重大理论问题

玄学家提出的三种本体论学说，都是从道家的思想资源中发掘出来的，而他们要解决的问题，则是如何证明儒家名教的合理性。道家式的“体”如何解释儒家式的“用”？如何把名教与自然统一起来？对于玄学家来说，是难以解决的问题。对于这个问题，玄学家的讲法大体有三种。

1. 名教出于自然

王弼的哲学思考以名教为逻辑起点，试图为名教何以成立找到理论依据。他不是名教的拆台者，而是名教的补台者。在反省名教失范原因的时候，王弼认识到，名教本身是没有问题的，问题出在经学家们没有找到名教何以成立的根据，只讲到“用”的层面，没有讲到“体”的层面。另外，经学家关于名教的论证方式也有问题，那就是完全依赖一套权威主义的话语方式。他们或者仰仗皇帝的权威，运用政权的力量强制人们统一思想；或者借助至高无上的天意，压制人们的理性思考；或者在圣人的典籍中寻章择句，以引证代替论证，并没有在人们的内心世界中为名教找到本体论依据。

王弼指出，经学家最大的失误就在于，只把名教看成一种工具，把人看成被这个工具管理约束的对象。在名教面前，作为被管束者的人，没有主动选择的余地，只能被动地服从。经学家所阐发的名教，对于被管束者来说，完全是一种外在的约束，没有进入被管束者的内心世界。所以，被管束者不可能心甘情愿地接受名教的约束。这种权威主义的阐发方式，可以使人口服，但不能使人心服，势必导致信仰危机、规范失效。经学家们提倡仁义礼智信等伦理规范，只在“用”

上做文章，没有在“体”上下工夫，造成的后果则是：儒学伦理规范流于形式，甚至走向伪善。“崇仁义，愈致斯伪。”一些无耻之徒甚至利用名教，冒充贤良，欺世盗名。这就不能不败坏儒学的名声。经学家对名教的阐述，只是告诉人们什么是善的行为，并没讲清楚“善之所以为善”的道理。前一个问题是伦理问题，后一个问题是哲学问题。前一个问题是枝节问题，后一个问题才是根本问题。因此，要使名教真正发挥作用，就不能就事论事，不能停留在枝节上，而应当从“体”入手，加固信仰的根基，把恪守名教变成人们的一种自觉的价值选择。

为了给名教找到本体论依据，王弼摆脱了权威主义话语方式的束缚，把目光转向道家的思辨哲学，把“自然”这一道家的哲学范畴引入名教话语系统之中。“自然”出于《老子》的名句“道法自然”，王弼把它当作本体论范畴使用，形成“名教出于自然”的看法，试图对名教做出本体论证明。可是，老子和庄子都是儒家礼教的批评者，如果顺着道家的思路讲，当然讲不出名教来。如何把两个有歧见的学派融会贯通，难度确实不小。他作为名教的维护者，不可能照着老庄的观点讲，只能用自己的方式讲。

在王弼看来，名教的根基就是道家常说的“自然”或“无”。“自然者，无称之言，穷极之辞也。”（《老子注》第二十五章注）“自然”或“无”是对世界总体的把握，其中当然也包含着对名教的把握，它是伦理规范的本体论依据。圣人正是由此出发，才“立名分以定尊卑”，制定出以三纲五常为基本内容的名教来。换句话说，名教是“末”，“自然”才是“本”；名教本乎自然，出于自然。王弼要求人们从哲学高度体认本体，提高履行名教规范的自觉性，从而解决关于儒学的“信仰危机”。王弼以哲学的方式论证名教的有用性、永恒性和必然性，同经学家以权威主义的方式论证名教的强制性、永恒性和必然性相比，显然高明、深刻得多。王弼强调，只有把名教建立在自然、自觉的基础上，名教失效的问题才有望得到解决。名教何以有“用”？必须由“体”来担保。——这就是王弼的基本思路。

在王弼“名教出于自然”的观点中，隐含着自然高于名教、道家高于儒家的意思。但他并不认同道家的价值取向，不主张“到山林里去修行”，还是主张“到朝廷里去做官”。不过，抬高自然的思想倾向进一步发展，便会超出王弼限定的范围，出现第二种观点。

2. 越名教而任自然

嵇康等“竹林七贤”不承认名教与自然之间有兼容性，认为自然作为本体，只可为个人在精神生活中受用，不能为名教提供担保。在精神生活领域，他们主张“越名教而任自然”。这个“越”字，有超越、否定的意思。在他们看来，名教对个人来说，就是一种束缚，“世法拘人，如虱处裤”。他们不愿意受名教的羁绊，希望找到一种与众不同的精神生活方式，以此对名教表示轻蔑。在他们的精神世界里，只有自然，没有名教。他们是一群不受拘束、放达任诞的名士，不以做官、出人头地为意，只追求个人的绝对的精神自由。他们凸显个性，率真而为，喜欢喝酒、服药、清谈，陶醉在个人向往的精神世界之中。他们鄙视俗务，企慕玄远，并不把达官贵人放在眼里，以为自己才是真正的精神贵族。他们不想到朝廷里去做官，只想到山林里去喝酒。

如果说经学家“有用无体”的话，那么，竹林七贤等名士则走到另一个极端，陷入“有体无用”的困境。为了纠正这种体用不一的倾向，郭象提出第三种观点。

3. 名教即自然

为了扭转经虚涉旷的社会风气，郭象提出“名教即自然”之论。他把“任自然”限制在精神追求的范围中，反对在生活态度方面放达任诞。他以儒家的眼光看待道家的理论，强调在精神上“任自然”同在实践中“守名教”并不冲突，无为与有为并不冲突。庄子主张无为，反对“牵牛鼻、络马首”；郭象则认为，“牵牛鼻、络马首”并不违背自然之道，也是理所应当的事情。“牵牛鼻、络马首”，对于牛马来说，乃是符合自然的、必要的限制；名教对于人来说，也是自然的、必要的限制。人“形虽七尺而五常必具”。人不能没有血肉之躯，也不能不受纲常名教的规范，因此尊卑贵贱、君臣上下，都应各守其分，自觉自愿地接受名教的约束，也是自然而然的事情。他把这叫做“各安其分，则大小俱足矣”。（《庄子·秋水注》）他说：“苟足于天然而安其性命，故虽天地未足为寿而与我并生，万物未足为异而与我同得。则天地之生又何不并，万物之得又何不一哉？”（《庄子·齐物论注》）庄子提出自然之论，原本是为批判现实生活中的不平等现象；而郭象对现实生活中的不平等现象，则表示充分的肯定。

郭象既肯定道家的精神追求，也肯定儒家的生活态度，力求使二者相互兼容。庄子心目中的理想人格是“神人”，即离远俗务、超脱现实的逍遥人格。可是，郭象在注《庄子·逍遥游》时，却把“神人”同儒家推崇的“圣人”等量齐观：“夫神人者，即今所谓圣人也。”（《庄子·逍遥游注》）在他看来，神人在精神境界上的超脱，同圣人在世俗生活中的认真，并不矛盾，完全可以统一起来：“夫圣人虽在庙堂之上，然其心无异于山林之中，世岂识之哉？徒见其戴黄屋、佩玉玺，便谓足以缨绂其心矣；见其历山川、同民事，便谓足以憔悴其神矣。岂知至至者之不亏哉？”（《庄子·逍遥游注》）

郭象运用他发明的“精神超脱”法，把庄子的逍遥哲学与儒家的实践哲学融会贯通了。按照郭象的说法，士大夫只需精神上“到山林去修行”就可以了，不必真的离开朝廷，弃官不做。在郭象“名教即自然”理论的影响下，从东晋士大夫中间涌现出一批山水诗人、山水画家，可以说找到了一种落实方式。郭象似乎把儒道两家熔为一炉，其实为玄学思潮画上了句号。郭象讲的玄学，已经没有道家的潇洒和清高，甚至不再有玄虚可言。这种玄学对于超越精神的追求者来说，也不再有吸引力。他们不能不把目光投向比玄学更玄虚的理论，那就是佛教。

五、 宗教哲学转向

玄学家追问何者为体，涉及个人的精神安顿问题，但没有找到解决这个问题的路径。玄学家游移于半政治哲学与人生哲学之间，最终的落脚点是前者，而不是后者。玄学只构成中国哲学发展过程中的过渡环节，还不是成熟的理论形态。

其一，大多数玄学家仍旧保有很强的政治情结，未跳出名教话语系统。他们从道家的思想资源所找到的“体”，无法真正融入儒家的话语系统，既不能为名教提供本体论证明，也不能为个人找到在精神上的寄托之所。在他们那里，名教这一关乎政治生活的话题，遮蔽精神安顿的话题，无法真正深入到人生哲学领域，无法搭建起属于个人的精神世界。玄学把如何搭建个人精神世界的问题突出出来了，可是儒道两家的资源都不能解决这个问题，必须引进新的思想资源，这个新的资源就是以擅长讲个人精神世界的佛教。佛教作为一种宗教哲学，撇开了名教话语，只关注个人精神世界如何搭建的话题，给中国思想界吹来了一股新风气。于是，中国哲学发展一度进入佛教和道教唱主角的宗教哲学时代。

其二，玄学家讲本体论只能讲到抽象性层面，而不能达到超越性层面。无论贵无论，还是崇有论，抑或独化论，讲的都是“一个世界”的世界观，皆对世界表示肯定，因而无法为人们提供超越的精神寄托之所。讲超越性是佛教的专长。佛教否定现实世界的真实性，到彼岸去寻找本体，引入了“两个世界”的世界观。于是，在中国哲学史上一度出现“一个世界”的世界观与“两个世界”世界观并存的局面。

其三，玄学没有为个人精神追求找到终极目标。关于“永恒”“终极关怀”之类的话题，玄学讲得不到位，无法满足士大夫精神超越的需求，只能让给佛教来讲。玄学的理论思维教训表明，从政治哲学不可能直接讲出人生哲学，必须以宗教哲学为中介。

由于上述原因，玄学只能流行一时，很快就被作为宗教哲学的佛道二教挤到了后排。

六、问答互动

问：宋先生，我有一个问题。玄学讲的体，都来源于道家。但是，我们现在看到的儒学史或者大多数文章，通常把玄学划归为儒家。这种处理方式有没有根据？还有一个小问题：老子讲的“无”同王弼讲的“无”，有没有什么具体的区别？

答：你这个问题，就是问：玄学到底是儒家，还是道家？这种研究方式，现在看来是落后的。你不能把一个哲学家，完全还原到某家之中去。玄学家就是玄学家，谋求儒道两家的综合创新。如果玄学家只讲儒家的话语，或者只讲道家的话语，怎么谈得上理论创新呢？所谓“创新”，就是讲法跟原来不一样。两个要素合并之后，已经发生质的变化，不可能再做还原处理了。比如，把茶叶放到水里，沏成茶汤，茶汤既不是原来的水，也不是原来的茶叶了。研究传统哲学，我不主张采用还原的办法，把后来的哲学家简单地归结为某家某派。

至于你说的那个“无”，倒是很重要的理论问题。我在前面已经讲过，老子谈的“无”，主要是指“无形”的意思。“无形”变成“有形”，“无”是一种潜在，不是零的意义上的虚无。在“无”不是零的意义上，王弼跟老子的讲法是一致的，但是王弼所讲的“无”，更侧重于“无限”或“全体”的意思，例如说“将欲全有，必反于无”。这是王弼的独到发挥。老子即便也有这样的思想，也是隐而不显。后来的哲学家总是把前人没有说透的问题，说得更透彻一些。这样的人才有资格写进哲学史，如果前人说什么，他也跟着说什么，只能把他写进学术史，没必要写入哲学史。

问：宋老师，你好！刚才你讲到王弼的贵无论，说王弼主张“以无为本”。可是，王弼在注《论语》的时候，有人曾经问过他：孔子和老子相比较，谁的地位更高？王弼的答复是：孔子的地位高。王弼的理由是，孔子作为圣人，虽主张“无”，但通过“有”来讲“无”；而老子实际也是一个“有”论者，但没把“有”讲到位。我的问题是：王弼既说“名教出于自然”，又说“以无为本”，这两种提法在逻辑上是否有矛盾？

答：王弼和别人谈话的时候，曾经比较老子和孔子谁更高明一些。他的说法是“老不及圣”。为什么这样说？理由是他的贵无论。他认为，老子在谈“无”这一点上没错，但是“无不可训”，只谈“无”不能把道理讲透。孔子比老子高明，孔子表面上谈“有”，可骨子里还是个“无”。“无”不可训，而“有”是可训的、可说的。他以贵无论为基础，把老子和孔子嫁接在一起了。他有一个很重要的意向，就是用“以无为本”为名教提供理论依据，所以“以无为本”同“名教出于自然”并不矛盾。他用自然肯定名教，而不是否定名教。他不像竹林七贤那样，不是名教的拆台派，而是补台派。所以，在判别老子和孔子谁更高明时，他毫不犹豫地说孔子高明。说孔子高明，不是说他的理论高明，而是说他的表述比老子更具有可接受性。

第十一章
中国化佛学思潮

许多人喜欢议论何种文化为“体”，何种文化为“用”，这恐怕难以立论。因为只有当下活着的中国人，才可以称得上“体”，任何一种文化都不能称为“体”。无论古人留下的思想资源，还是外来的思想资源，其实都是“用”，都不可能照着讲，而只能接着讲，即人们根据自己的精神需求来讲。对于外来佛教，自然也是如此。印度佛教“两个世界”的世界观模式传到中国后，同中国固有哲学中“一个世界”的世界观模式相结合，逐渐形成有中国特色的佛学。中国化佛学不是印度佛教的移植，而是中国学者以中国哲学为底色所取得的创新性理论思维成果。因此，它理所当然地成为中国哲学中的主要思潮之一。

一、思潮源流

佛教的源头在印度，但在中国流行起来的佛教，并不是原体，而是打上了中国烙印的变体。由魏晋玄学培育起来的对于超越精神追求的需求，为引入佛教超越本体论，提供了一个最主要的思想诱因。所以，继玄学之后，佛教开始在中国兴盛起来，涌现出一批大师级的人物。他们在中国组织僧团，也争取到皇帝的扶植。最典型的扶植者就是梁武帝，他相信儒学，也是虔诚的佛教徒，曾三次打算出家为僧，都被群臣劝阻。这说明佛教已经对最高统治者有极大的影响力。在南北朝时期，中国人对佛教教义的理解还是初步的，所采用的办法叫做“格义”，就是利用我们固有的思想资源来理解佛教的教义，特别是用老子或庄子的说法来解释佛教教义。这是中国僧人做的第一件事。他们做的第二件事就是翻译佛教经典。那个时候出现了很多翻译家，如法显、道安、慧远、鸠摩罗什等等，其中最著名的翻译家当属鸠摩罗什。鸠摩罗什是西域人，为了把他请到长安翻译佛经，后秦的姚兴竟然发动了一场战争。鸠摩罗什到长安后，招收了很多弟子，建立译场，把大量的佛教经典翻译成汉语。鸠摩罗什汉语水平很高，对自己翻译的佛经信心满满。他曾说：如果我的翻译错了，就让我死后舌头烂掉；如果我舌头不烂的话，就说明我的翻译没有问题。他死后葬在甘肃武威，那里现在还保留了一座罗什塔，据说他的遗体就埋在塔的下面。第三件事就是组织僧团，盖了很多寺庙。许多的寺庙都是按照皇宫的样式建造的，很豪华。杜牧有两句诗："南朝四百八十寺，多少楼台烟雨中。"不是夸张了，而是说少了。据统计，仅梁朝建立的寺院就有 2 846 所，僧人多达 82 700 人。

在隋唐时期，佛教在中国的传播发展进入本土化阶段，形成有中国特色的佛教宗派。此前"照着讲"的成分比较多，注意把原意讲清楚；此后则由"照着讲"转入"接着讲"，力求在理解文本的基础上讲新意。"接着讲"就是按中国人的理解来讲佛教，讲中国化的佛学。中国化佛教的讲法，有别于印度佛教的讲法，乃是一种"创造性的诠释"。中国化的佛教宗派，通常划分为天台、华严、唯识、禅宗等四大宗派，其中中国化程度最高的，当属华严宗和禅宗。

二、此岸彼岸之辩

宗教哲学皆以此岸与彼岸之辩为基本问题，佛教亦然。在佛教中，"此岸"是指属于人的生活世界，与中国固有哲学中"人"的意思相近；"彼岸"是指超越于人的生活世界之上的精神世界，与中国固有哲学中“天”的意思相近。因此，此岸与彼岸的关系问题，可以同中国哲学天人之辩相衔接。在中国哲学史上，此岸与彼岸之辩是接着体用之辨讲的。玄学家提出体用关系问题，虽然对何者为体，看法不一，但都认同“一个世界”的世界观，认为“体”在当下的世界之中。按照这种讲法，只能讲出抽象本体，而讲不出超越本体。玄学家眼中的本体，只是关于世界总体的哲学抽象，所树立的本体论观念，在价值上中立，不能提供精神寄托之所。玄学的终点构成佛教的契入点。佛教将本体置于另一个世界，建构“两个世界”的世界观：此岸为众生世界，彼岸是佛国净土；此岸有负价值，彼岸有正价值。在佛教中，本体不再是空观念，其中的花样比此岸还多，并且是一切价值的担保。如果说体用之辨是天人关系这一基本问题的第一次变形的话，那么，此岸与彼岸之辩可以说是天人关系问题的第二次变形。中国佛教哲学家关于此岸与彼岸关系问题的思考，经历了从一个世界讲出两个世界、再把彼岸与彼岸合而为一的过程。

第一步，变“一个世界”为“两个世界”。如果像玄学家那样限制在“一个世界”的框架中，显然无法讲出本体的超越性。佛教般若学改变中国固有哲学的思维方式，不再肯定世界万物的真实性，也不肯定人生的价值，而是构想出来一个彼岸世界。所谓彼岸世界，其实就是想象出来的精神世界、意义世界或价值世界。于是，世界被二重化：彼岸为本体，真而不实；此岸为假象，实而不真。

第二步，把彼岸与此岸合而为一。佛教哲学的超越本体论思想的引入，扩大了中国哲学的资源，有利于中国哲学的发展，但并不能改变中国哲学家整体主义的思想传统。在中国语境中，佛教没有化掉中国哲学，反而被中国哲学化掉了。中国佛教学者把“两个世界”逐渐纳入“一个世界”的框架。这正是中国化佛学的特色。中国早期的佛教学者，比较强调此岸与彼岸的对立；而后来的佛教学者，则强调此岸与彼岸的一致性，回归整体主义的传统思路。

三、释无与解空

佛教作为一种外来的思想资源，不可能直接为中国人所利用，必须经过中国人的消化、理解和诠释，才能汇入中国哲学发展的长河。中国佛学家对佛教的理解，选择了两个契入点。第一个契入点是般若学，即理会和诠释佛教“空”的本体论学说，帮助信徒树立起佛教的世界观和人生观，掌握佛教的智慧。第二个契入点是解脱学，即告诉信徒通过什么途径达到解脱，进入涅槃寂静的成佛境界。解脱学也叫涅槃学。前者关乎“知”的问题，后者关乎“行”的问题。从佛教传入到隋唐前期，中国学者把理解诠释的重点放在般若学方面；唐代后期，重点逐步转向解脱学方面。中国佛教学者对般若学的理解和诠释，步步深入，大致经过三个阶段，相应出现三种理解方式。

1. 格义

在魏和西晋时期，中国学者对于佛教最初采用的理解方式叫做格义。这种方法的特点就是对中外两种思想资源加以比较，寻找把二者融会贯通的结合点。《高僧传·竺法雅传》写道：“以经中事数拟配外书，为生解之例，谓之格义。”中国佛教学者通常用受众比较熟悉的文化典籍中的语汇，尤其是道家和玄学家常用的语汇，解释受众不够熟悉的佛教名相。这种理解方式对于消除中国人对佛教的陌生感，对于中外思想资源的沟通，起到了一定的作用。缺点是容易导致简单的比附，有可能导致对佛教名相的理解不够准确，不能帮助信徒从本体论的高度领悟佛教般若学。

2. 释本

到东晋时期，中国佛教学者突破了格义的理解方式，对般若学有了比较深刻的认识，对佛教的哲学思维方式的特点有了比较准确的把握，找到了“释本”这样一种新的理解方式。用这种方式诠释般若学的代表人物是道安（314—385）。

佛教般若学所选择的思路，不是抽象本体论思路，而是超越本体论思路。佛教般若学首先否定世界万物的真实性，否定人生的价值，径直指向“空”这一超越本体。按照大乘佛教中观学派本体性学说，宇宙万物都是“假有”，“空”才是真实的本体。龙树在《中论》里说：“众因缘生法，我说即是空（无）。”[①] 宇宙万物既然都是缘起的，就是没有自性、没有自体；最终的“缘”，就是一个“空”字，万物皆以“空”为本体。与不真实的万物相比较而言，“空”本体才是真实的存在。“空”不是某种生起万物的实体，而是万物所依赖的终极依据。“空”与万物构成不即不离的关系：“空”只是本体，不是某物，此之谓“不即”；“空”为万物的终极因缘，此之谓“不离”。龙树不否认“空”与万物之间有联系，但结论则是万物假有、“性空”真实。这意味着“空”作为本体，乃是对于任何假有的超越。

道安作为早期佛教学者，还没有完全意识到抽象本体论与超越本体论之间的区别，把中观学派讲的“空”与玄学家讲的“无”等同起来，提出“本无”说。他在《本无论》中写道：“明本无者，称如来兴世，以本无弘教，故方等深经，皆云五阴本无。本无之论，由来尚矣。”[②] 粗略地看，本无论与贵无论基本观点相似，其实不然，因为采用的论证方式各不相同。贵无论对现实世界做出肯定判断，而本无论则做出否定判断，一下子就把“无”放在了超越的位置。道安讲般若学，立“本无”义，以万物为虚像，否定物质世界的真实性，进而否认世俗生活的意义价值。在他看来，只有确认自然和社会的一切

---

① 《中论》卷4，《大正藏》第30卷，第33页。

② 《续藏经》第1辑第2编乙第23套第4册，第9页。

都是虚幻的，对它们没有任何执著贪爱，归依虚无本体，才是最高的智慧。在佛教中，这种智慧叫做“般若”。道安借鉴佛教的本体论思维方式论证本体的超越性，讲得比较到位，满足了魏晋时代人们对超越精神世界的追求。不过，道安提出的“本无论”，采用表诠的方式，也就是采用正的方法。他从正面讲本体论，以“无”为般若学的核心范畴，多少还有一点格义的影子，有不够准确之嫌。他没有意识到“空”与“无”之间的差别，有意无意地把二者混为一谈。他讲出了本体的超越性，树立起彼岸世界的观念，却未论及本体与实际事物之间的联系，未论及彼岸世界与此岸世界的关系，未完全跳出玄学话语系统。

3. 解空

比道安晚一些的僧肇（384—414），对般若学的理解又加深了一步，找到了“解空”这样一种更新的理解方式。他认为，佛教般若学的核心范畴，不应该是一个“无”字，而应当是一个“空”字。“空”与“无”不能画等号：“无”是“有”的反面，而“空”则是“有”与“无”的统一。当时佛教界公认，僧肇对般若学的理解和诠释最为贴切，称赞其“解空第一”。就连其师鸠摩罗什也承认，虽然自己对“空”的理解不比僧肇差，可是文字表述不如僧肇到位。

僧肇不认同道安的本无论，对其提出这样的批评和质疑：“本无者，情尚于无多，触言以宾无。故非有，有即无；非无，无亦无。寻夫立文之本旨者，直以非有非真有，非无非真无耳，何必非有无此有，非无无彼无？此直好无之谈，岂谓顺通事实，即物之情哉？”（《肇论·不真空论》）把本体说成“无”，固然表达了般若学反对执取“有”的意思，即反对把现存事物当成真实存在，但却不能解释现存事物何以能够存在。“无”只能表达对“有”否定的意思，尚不能表达对“有”肯定的意思。倘若本体完全不能制约现存事物，便等于切断了本体与现存事物之间的联系；而切断了这种联系，意味着本体成了无用之体、空洞之体。因此，不能仅仅把本体安置在彼岸世界，还必须看到本体与此岸的相关性。基于这种理解，僧肇不认同本无论，主张“不真空论”。按照他的看法，万物虽然不真，但并非脱离“空”本体的制约。万物“不真”，恰恰证明本体为“空”。

僧肇“解空”的时候，没有采用表诠的方法或正的方法，而是采用遮诠的方法，只从反面讲本体不是什么，用否定句式表显“空”的哲学意涵。在他看来，本体“非有非真有，非无非真无”。意思是说，万物“非真有”，乃因缘和合而成，并没有自性和真实性可言；就万物不真实而言，本体为空。然而，万物又是“非真无”，换句话说就是“假有”；然而“假有”毕竟不等于空无所有，也是一种“有”。对于无与有，不落任何一边，才符合佛教般若学的中观原则，才是“空”的确切意涵。万物尽管存在，但不真实，必须预设“空”为本体论依据。“空”不等于“无”，而是把“有”和“无”统一起来，把彼岸世界与此岸世界联系起来。僧肇既看到本体的彼岸性，也看到本体的此岸性，理论深度显然超过了道安。由此也反映出，僧肇的理论兴趣，已不放在论证本体的超越性，而转向论证本体的此在性。他用一个“空”字，把彼岸世界与此岸世界紧紧联系在一起，已贴近了中国哲学整体主义传统，启动了佛教哲学中国化的进程。

四、“一即一切” 的般若学

在隋唐之前，对于佛教，中国学者尚处消化理解阶段，而到隋唐时期则进入理论创新阶段。从隋代开始，中国创立的佛教宗派纷纷问世。主要有吉藏（549—623）创立的三论宗、智顗（531—597）实际创立的天台宗、玄奘（602—664）实际创立的法相唯识宗、法藏

（643—712）实际创立的华严宗、慧能（638—713）创立的禅宗。其中华严宗和禅宗的中国特色最为鲜明。华严宗创立“一即一切”的般若学，禅宗创立“顿悟成佛”的解脱学。

法藏对般若学的理解，比僧肇更为强调彼岸与此岸的整体性，已经化本体为本根、化超越为此在。他把中国固有哲学的天人合一的思维模式，同印度的讲究超越的哲学思维模式结合在一起，实现了佛教般若学的中国化，创立了有中国特色的法界缘起说。他的基本观点是：无论彼岸，还是此岸，都统一于“一真法界”。这就叫做“一即一切，一切即一”。（《华严经义海百门》）“一”指本体，“一切”指万物；本体与万物同在，可以用“即”字来表示二者之间的关联。

法藏认为，每种事物只存在于全部事物所构成的整体之中，不可能单独存在，因而才没有“自性”。处在整体普遍联系中的任何事物，皆由因缘构成，呈现为虚幻的“事相”。就具体事物自身来说，虽然没有本质的规定性可言，但它毕竟存在于整体的普遍联系之中。法藏不承认事物自身的真实性，在这一点上同印度佛教是一致的，但他并没有止步于此。他并不着意凸显本体的超越性，而着重强调本体与现实世界同在。按照他的分析，法界有四相，即事法界、理法界、理事无碍法界和事事无碍法界。事法界相当于形式繁复、多种多样的现象世界，理法界则是规定现象世界的本体界；理事无碍法界表示本体界与现象界之间的圆融关系，事事无碍法界表示现象与现象之间的圆融关系。法界虽有四相，其实还是一个整体。在四法界理论中，理法界相当于彼岸，而事法界相当于此岸。法藏虽然承认彼岸与此岸之别，但已用“圆融”一词把两岸沟通了，使之结成一个整体。四法界理论从虚幻的理法界讲起，落脚点却是有现实性的事法界。“理事无碍”虽是佛教术语，但所表达的意思同“天人合一”没有多少区别；“事事无碍”虽是佛教术语，但所表达的诉求则是建构和谐社会。法藏已经从佛学讲出了人学。

法藏在给武则天讲《华严经》时，以书案上的金狮子镇纸为例，解释法界缘起说。对于金狮子来说，“一一毛中，便摄尽无边狮子”。(《华严金狮子章》) 金狮子好比是本体，每根金狮子的毛都是金狮子的体现。如果毛脱离了金狮子本体，便不能称为“金狮子毛”，只能称为与金狮子无关的金线。法藏不否认每个具体事物是“自一”，但他认为“自一”并不是单独的存在物，只能存在于“多一”之中。“一与多互为缘起，相由成立故。”他借用印度神话中“因陀罗网”的典故，说明一具一切、一切入一的道理。因陀罗网是帝释天宫殿里用许多宝珠编织成的珠网，网上珠光交相辉映，彼此互相透视，重叠无穷，其中每颗宝珠都映入其他所有的宝珠。他的“一即一切，一切即一”的说法，尽管有神秘主义的色彩，毕竟承认事物之间的普遍联系，所表述的是一种整体主义的世界观。

法界缘起说的特色在于论证本体与现象的同一性，强调“理彻于事”“事彻于理”。二者相彻相存，理就是事，事就是理，融为一体。在这里，法藏已经成功地把佛教的超越本体论改造为此在本体论。他的哲学思路，不再是印度式的真俗对立，骨子里是中国式的天人合一；不再是印度式的条分缕析，而是中国式的整体综合。他在不违背佛教教义的前提下，强调此岸世界与彼岸世界的整体性，不再把人们的目光引向彼岸世界，而是拉回到此岸世界。他所表达的圆融无碍的诉求，不是对现实世界的否定，而是从佛教立场上对现实世界的肯定，表达了对于和谐社会的向往。

按照法藏的“法界缘起”说，诸佛与众生的关系，不再是对立的关系，而是同在的关系。诸佛不在虚幻的彼岸世界，就在此岸世界之中，就在众生之中。诸佛与众生交彻，净土与秽土熔融，彼岸世界与此岸世界相即相入，生死即涅槃，烦恼即菩提。法藏已把印度式的出世佛教，改造为中国式的入世佛教，开启了中国特有的人生佛教或人间佛教的发展方向。从法藏开始，直到近代乃至当代，中国佛教都沿着这个方向开展。太虚、印顺都是人间佛教或人生佛教的倡导者，他们都主张以佛法转世，但不为世所转，号召佛教徒在坚定佛教信念的同时，关心现实社会中存在的实际问题。

五、“顿悟成佛” 的解脱学

华严宗的哲学思考，侧重于般若学，以“法界”为核心范畴；对于佛性问题虽有所涉及，但不是重点。同华严宗相比，禅宗又向前迈进了一步。他们把理论重心从般若学移向解脱学，核心词由“法界”转到了“佛性”。禅宗面对的问题是：如何把超越本体转化为内在本体？如何从内在性角度领悟佛性？如何看待佛与众生的关联？为了解决这些问题，他们不再把话题限制于存在本体论论域，而是转到了价值本体论论域。禅宗的哲学思考，更加贴近天人合一的模式，突出了“价值主导”的意向。在中国哲学天人合一的视域中，从“天”的角度看，本体是宇宙万物存在的终极依据；从“人”的角度看，本体是人生意义价值的终极依据。价值本体对于人来说，不可能是外在的关系，而只能是内在的关系。禅宗所讲的“佛性”，在形式上属于佛教哲学，而在内容上则贴近人生哲学。他们所说的“佛性”，其实就是为人提供一种可供选择的宗教化的理想人格，为人提供一个“终极关怀”的价值担保。

在人生佛教或人间佛教的向度上，禅宗走得比华严宗更远。他们不但要把真如本体根植于此岸世界，还要进一步根植于人的内心世界，创立“佛性内在”的理论，把来自印度的佛教成功地改造成中国化的佛教。关于印度佛教与中国佛教的区别，吕澂的概括十分精辟：

前者讲究“佛性本净”，后者讲究“佛性本觉”。由“佛性本净”反映出，印度佛教指向超越性；由“佛性本觉”反映出，中国佛教指向内在性。按照印度佛教，只有佛才能真正领悟佛性，众生如果不放弃“我执”和“法执”，不改变世俗观念，不否定“自性”，便不可能成佛。对于众生来说，佛是外在的、超越的修行目标。按照禅宗的看法，人人皆可以成佛，因为佛是内在的、体验的目标。成佛的路径不是外求，而是内求。

慧能质疑印度佛教外在超越的路向，提出这样一个问题：“东方人造罪，念佛求生西方，西方人造罪，念佛求生何国?”（《坛经·疑问品》）倘若把成佛当成向外追求的目标，势必将无止境地追下去，永远也达不到终点。因此，必须把外求成佛的路向，翻转为内求成佛的路向。慧能反对把佛性置于众生的本性之外。如果说佛性在众生的本性之外的话，佛性对于众生还有何价值导向作用可言？所以，必须承认佛性与众生本性的一致性。慧能的结论是：“我心自有佛，自佛是真佛；自若无佛心，何处求真佛?”（《坛经·付嘱品》）由于佛性内在于众生的本性之中，故而每个众生皆有成佛的可能性。承认佛性与众生本性有一致性，不等于把二者等同起来。对于众生来说，佛依旧是一种精神超越，不过这种超越只是内心世界中观念的变化：“自性迷，佛即众生；自性悟，众生即佛。”（《坛经·付嘱品》）按照慧能的理路，修行者若想成佛，绝不能选择外求的路向，必须在“心”上下工夫。经过这样的解释，他已经把印度佛教外在超越的价值观，改造为中国式的内在超越的价值观。

禅宗关于佛性的第一点看法是：佛性内在。慧能指出，佛性作为真如本体，内在于每个人的心中。一切众生皆有真如佛性，“譬如雨水，不从天有，元是龙能兴致。令一切众生一切草木有情无情悉皆蒙润，百川众流却入大海合为一体。众生本性般若之智，亦复如是”。

（《坛经·行由品》）修行者只要对佛性有所觉悟，都可以成佛；佛性就是人人皆可以成佛的内在原因和共同依据。就成佛的可能性而言，众生平等，没有高低贵贱之分。慧能在回答弘忍的提问时说："人虽有南北，佛性本无南北。葛獠身与和尚不同，佛性有何区别?"（《坛经·行由品》）

禅宗关于佛性的第二点看法是：佛性恒常清静。对于众生来说，佛性既是内在的、不变的、真实的本质，又是终极的价值目标。佛性"恒常"，相对于众生的"无常"而言。众生回归佛性，也就是找到了终极的归宿，跳出了六道轮回，不再受痛苦的折磨。佛性"清净"，相对于众生的"染污"而言。众生回归佛性，就是体现至善的品格，不会再像凡夫俗子那样，受到功名利禄种种烦恼的折磨。

禅宗的第三点看法是：佛性无所不在。同华严宗一样，禅宗也认同整体主义的世界观。禅宗认为，佛性不但是众生的内在本质，也是宇宙万物普遍的本质；佛性既是价值的终极依据，也是存在的终极依据。在禅宗看来，宇宙万物皆以佛性为本体，甚至草木瓦石也不例外。他们的说法是："青青翠竹尽是法身，郁郁黄花无非般若。"（《景德传灯录》卷六）

依据"佛性内在"说，禅宗给出的成佛办法就是"清净自悟"。慧能创立的禅宗，视顿悟为成佛的根本途径，故而又被称为"顿教"。按照他的逻辑，既然自性中就有佛性，成佛何必外求？觉悟自性就能成佛，顿悟就是最为方便、最为简易快捷的不二法门。所谓"顿悟"，就是体悟自心本有的佛性，去掉种种妄念，而不必借助于坐禅、布施、诵经、做功课等通常的修行方法。

顿悟说是对佛教正统观念的一种颠覆。按照佛教的正统观念，佛教的根本教义当然在佛经之中，因而修行者要想成佛，必须用心地读佛经文本，通过文本领悟教义。禅宗认为，佛教的根本义，并不是仅仅通过佛经文本传下来，还有更为重要的一个渠道，那就是“心传”。禅宗称之为“教外别传，不立文字。”按照禅宗的看法，要想成佛，被动地背诵佛经是不够的，更为重要的是主动地发明内在的佛性，从而进入同佛祖“心心相印”的成佛境界。

顿悟说也是对佛教正统修行方法的一种颠覆。慧能指出，坐禅等正统的修行方法，讲究“住心观净”“长坐不卧”，对修行者并无帮助，“是病非禅”。他在《坛经·顿渐品》中嘲讽说：

“生来坐不卧，死去卧不坐。

一具臭骨头，何为立功课?”

禅宗认为，顿悟才是真正的禅修。顿悟不必借助专门的宗教手段和宗教仪式，在日常生活实践中随时随地都可以做到。马祖道一说：“若欲直会其道，平常心是道。谓平常心无造作，无是非，无取舍，无断常，无凡无圣。……只如今行住坐卧，应机接物，尽是道。”（《景德传灯录》卷二十八）禅宗“平常心是道”的主张中反映出，他们已经把禅修生活化：佛道不是抽象的真理，就是人们日常生活中的价值体验。日常生活实践就是禅修。只要有了对于佛性的真切体验，日常生活实践便有了新的意义，“担水砍柴，无非妙道”。禅宗“平常心是道”的说法，同儒家“道不远人”的观念已经相当接近了。

从负面说，顿悟就是净化心灵、排除妄念，摒弃世俗的世界观和价值观。“悟”的负面就是“迷”，就是“妄”。禅宗以“无念”为宗旨，在他们看来，那些抱定世俗的世界观和价值观的人，都已陷入迷茫，陷入妄念，也就是陷入烦恼和痛苦之中而不能自拔。要想脱离苦海，顿悟是唯一的选择。慧能说：“先立无念为宗，无相为体，无住为本。”（《坛经·定慧品》）“无念”就是在与外境接触时，不在境上生心；“无相”就是心中不保留任何事物的表象，外离一切相；

“无住”就是不执著于外境，不把任何事物当成真实的存在。做到这三条，就不会陷入“法执”和“我执”，就会获得精神上的自由和解脱。慧能指出，凡夫与佛的区别，就在于一念之差：“前念迷即凡夫，后念悟即佛；前念着境即烦恼，后念离境即菩提。”（《坛经·定慧品》）凡夫放弃原有的世界观和价值观，由迷转悟，就可以成佛了。慧能在给弟子神会讲“无念为宗”时，曾用拄杖打了神会三下，问道：“疼不疼?”如果神会按照常识回答说“不疼”，便是着了“不疼”的相，属于“有念”；如果回答说“疼”，便是着了“疼”的相，也属于“有念”。神会只有回答“亦疼亦不疼”时，才算是“无念”。慧能把这种回答方式称作“出没即离两边”。

从正面说，顿悟就是直指人心、见性成佛，树立佛教的世界观和价值观。慧能指出，“无念”还是消极的办法，仅靠这种办法还不够，修行者还得积极地去“悟”，使心中的佛性豁然朗现，有如明灯照亮了黑暗。“一灯能除千年暗，一智慧能灭万年愚。”这种“悟”是豁然朗现，就叫做“顿悟”。“顿”的意思是说，一念相应，立即成佛，有如快刀斩束麻一般。慧能自述，他就是听了弘忍的点拨，“言下便悟”。顿悟就是世界观和价值观的突然转变，同前此的生活经历不再有任何关系，甚至可以说“放下屠刀，立地成佛”。顿悟是一种自悟，即自己对佛教世界观和价值观的认同，不是向别人请教学习得来的。顿悟“如人饮水，冷暖自知”，难为不知者道。禅宗认为，成佛的真谛不能靠语言文字来传述，因为“第一义不可说”，只能靠修行者自己去领悟。

按照禅宗的顿悟说，佛与凡夫的区别，仅在于所信奉的世界观和价值观不同，所采取的精神生活方式不同而已。至于日常生活，并没有什么区别。成佛之前，担水砍柴；顿悟之后，依旧担水砍柴。不过，这时担水砍柴有了新的意义：“担水砍柴，无非妙道。”禅宗把佛性从“西方极乐世界”移植到人的内心之中，把真如消解到自然界和人们的日常生活之中，凸显了佛性本体的内在性，却贬损了佛性本体的超越性和神圣性，促使佛教人性化、人间化。庄严的佛教信仰在禅宗那里，竟被还原为“担水砍柴”之类的生活琐事，遂使出世与入世的界限变得模糊起来。然而，这正是中国佛教的特色之所在。禅宗把佛教超越本体还原为心性本体，更加突显出佛教对于人的价值意义。禅宗讲的虽是佛教哲学，但已贴近人生哲学。这就为宋明道学走出宗教哲学、讲出人生哲学，做好了铺垫。既然“担水砍柴，无非妙道”，那么，申而论之，难道不可以说“事君事父，无非妙道”吗？

六、“放得下”诉求

对于中国化佛学的理论特色和精神趣旨，用三个字表述，叫做“放得下”。用两个字来表述，叫做“解脱”，用一个字来表述，那就是“空”！“放得下”来自禅宗讲的一段公案。据说有一个富家子弟，带了一大笔钱，为了成佛遍访名师，终于遇到了一位有道禅师。他告诉那个富家子弟：“你不想成佛吗？我告诉你有一个地方，你到那里就能成佛！”富家子弟迫不及待地问：“在哪儿？”禅师说：“你没看那里有一个粗木竿子吗？你爬到那竿子顶上就成佛了。”富家子弟信以为真，把钱袋子放在地上，赶紧就往上爬。等他爬上竿子的顶端，回头一看，那个老禅师把他的钱袋子背起来走远了。老禅师远远地问那富家子弟：“成佛了吗？”富家子弟一下子领悟到：什么都放得下（包括成佛的念头），那就是成佛了！所以，“放得下”三个字，可以用来表示中国佛教的精神趣旨。在禅宗那里，“放得下”的精神安顿方式，有以下三层意思。

第一，“放得下”就是“不执著”。一方面去掉对“小我”的执著，开启对“大我”的仰慕；另一方面去掉对“有限”的执著，开启对“无限”的仰慕。只有放得下、不执著，方能进入“涅槃寂静”“常乐我净”的精神境界，在那里找到人生终极的、永恒的安顿之所。把精神追求的目标定位在彼岸的极乐世界，也就是对世俗世界“放得下”。佛教的三法印就是“诸行无常，诸法无我，涅槃寂静”，而“放得下”就是关于“三法印”的通俗表述。

第二，“放得下”就是“去无明”。“无明”是对世俗世界观和价值观的称谓，“明”是对佛教的世界观和价值观的称谓。“放得下”同看破红尘、跳出六道轮回是一个意思。“去无明”的不二法门就是“顿悟成佛”。坐禅、布施、诵经、做功课等佛教通常的修行方法，在禅宗看来，仅仅是形式而已，关键在于发现自心本有的佛性，去掉种种妄念，顿悟成佛。顿悟是一种自悟，即自己认同佛教世界观和价值观，而不必向别人求教。

第三，“放得下”就是保持“平常心”。“放得下”的心态，既是超越的，又是内在的。领悟佛教真谛的人，不需要作与众不同的事情。佛与凡夫的区别，仅在于所信奉的世界观和价值观不同而已。修行者成佛之前，担水砍柴；顿悟成佛之后，依旧担水砍柴。不过，这时担水砍柴已具有“妙道”的意义。

在中国人的精神世界中，佛教构成寄托系统。佛教好比一个精品店，满足人超越的精神需求。它引导人们向往永恒的极乐世界，从而使心灵得以净化，消除烦恼，达到精神上的解脱。

七、问答互动

问：宋老师，您好！一般谈到佛学的时候，都会谈到儒释道合流的话题。谈到这个话题的时候，自然离不开对于人性的探讨。人性的话题更为广泛。在魏晋玄学中，除了讲体用关系问题外，还讲到人性和才情等问题。我想问一下：佛学被认同后，官方和民间，都如何看待人性？

答：佛教不讲人性，讲人性是一个儒家的话题。佛教讲的是佛性，不过中国佛教讲的佛性，其实就是人性。究实而论，哪有什么佛？佛不过是一种人间的力量所采取的超人间形式而已。禅宗认为人人心中自有佛，其实已经预设了人性是善的前提，可以说在佛性善中隐含着人性善。不过，如何从佛性善再把人性善明确地讲出来，这个工作不是佛学家做的，而是后来的宋明理学家做的事情。

第十二章
宋明理学思潮

在中国哲学展开期，经学围绕着名教做文章，哲学被限制在皇权话语中，得不到长足的发展，成为政治的婢女，落入半神学半哲学的窘境。玄学游移于名教与自然之间，也未把哲学讲到位，结果为佛教所取代。佛教哲学虽然实现了中国化，由于被限制在宗教话语中，也未能形成完全的哲学理论形态。经过中国佛学家的诠释，外来的佛教文化资源已经渐渐地融入中国固有的文化传统，为宋明理学出现做好了铺垫。到中国哲学高峰期，宋明理学行世，实现了三教归一。宋明理学家突破宗教话语的藩篱，推动中国哲学发展从宗教哲学转到人生哲学，终于形成完全的哲学理论形态，并且掌控主流话语权。“理学行世”是这一时期的显著标志。宋明理学超越了政治哲学和宗教哲学，以人生哲学为理论重心，充分体现了以人为本、内在超越的哲学精神。

一、 思潮源流

宋明理学的开山是北宋周敦颐（1017—1073），字茂叔，道州营道（今湖南道县）人，学者称濂溪先生。他创立濂学，被后世尊为“理学宗主”。除了周敦颐之外，邵雍、张载、程颢、程颐也都在草创阶段做出理论贡献，与周敦颐合称“北宋五子”。他们试图改变儒学中本体论缺位的情形，提出各种本体论理念，同佛道二教的本体论抗衡；他们解构彼岸世界，重申“一个世界”的世界观；他们强调世界的真实性，要求清除虚无主义的迷雾。张载从道教“太虚”的观念中受到启发，建构“太虚即气”的存在本体论学说，证明世界的此岸性、真实性，否定彼岸世界，为儒家入世主义诉求奠定了理论基础，创立了关学。二程兄弟体贴出“天理”二字，建构价值本体论学说，为纲常伦理规范找到了形而上的理论依据，创立了洛学。

到南宋时期，理学在理论上更加成熟，出现了集大成者朱熹。他以二程提出的“天理”为核心范畴，吸收张载“元气”学说，综合周敦颐和邵雍的“太极”学说，建立了一个庞大的理学体系。在这个体系中，价值本体论和存在本体论合二为一。他用毕生精力编纂《四书集注》，后来成为科举取士的依据。在中国古代社会后期，朱熹是社会影响力最大的理学家，获得从祀孔庙的荣耀，被列为第七十三贤。

为了突出“理”的本体论地位，朱熹将其置于万有之上，描述为自在之物。可是，理作为自在之物，如何转化为为我之物？对于朱熹来说，这显然是个难题。他强调了“理”的超越性，却忽略了“理”的内在性。与朱熹同时代的陆九渊觉察到了这个问题，不再突显“理”的超越性，转而强调“理”的内在性，建构“心即理”学说，在宋明理学中开启了心学方向。陆学与朱学尽管有分歧，但属于正统理学内部的分歧。他们都认同“理”为本体，只是对“理”在天上还是在心中，看法有所不同。

朱熹注重本体的超越性，陆九渊注重工夫的内在性，明代的王阳明则把这两个方面统一起来，构筑了更为精致的心学体系。他是最后一位正统理学大师，是正统理学发展历程的终结者。王阳明去世后，在古代社会中当然还有人讲正统理学，不过，基本都是“照着讲”，再也没有出现有能力“接着讲”的人物了。至于非正统理学，明末清初王夫之接着张载讲，达到气学一系的顶峰。

宋明理学是中国古代哲学发展高峰期的主流思潮，但并不是一个严格的学派。这一思潮大体上可以分为正统派和非正统派两大系列。正统理学一系以“理”为核心范畴，涵盖程朱理学和陆王心学；非正统理学一系以“气”为核心范畴，以张王气学为代表。加在一起，共计三系。

第一系是程朱理学，由北宋程颢、程颐兄弟发其端，南宋朱熹集大成。这一系最大贡献在于提出“天理”观念，对释、道二教的本体论做出有力的回应，把超越本体转化为此在本体，为儒家的道德理想主义奠立了哲学基础。他们不再像经学家那样，用政治哲学话语讲儒学，而改用人生哲学话语讲儒学。他们所讲的人，不仅仅是政治哲学意义上的规规矩矩的人，而是本体论意义上的明明白白的人。他们把儒家的世界观讲到了高峰，把儒家的超越性诉求讲透了。

第二系是陆王心学，由南宋陆九渊发其端，明代王阳明集大成。这一系的贡献在于，把超越本体转化为内在本体，提出“心”或“良知”的观念，把本体和主体统一起来了。他们强调道德实践的自觉性，有力地彰显儒学的内在性品格；成功地将禅宗的佛性修养理论，改造为儒家的心性修养理论。王阳明把儒家人生观讲到了高峰，把儒家的内在性诉求讲透了。他既主张明明白白地做人，更主张堂堂正正地做人。经过王阳明的阐发，儒学不仅能发挥“治国平天下”的政治哲学功能，而且能发挥“安身立命”的人生哲学功能，为普通民众提供了一种精神生活方式。在王学的推动下，儒学不再是文化精英的专利，已演变为一种大众文化。儒学终于走出了庙堂，走进了民间。明代后期，心学盛行一时，对于纠正程朱理学的僵化倾向、促进思想解放，也发挥了一定的积极作用。

第三系是张王气学，由北宋张载发其端，明末清初王夫之集大成。他们继承中国传统哲学有关“气”的思想，以“气”为最高范畴建立存在本体论学说，把事物之间的普遍联系建立在物质基础上。

气学一派没有把理论重心放在人生哲学方面，不太重视精神生活的安顿；而是放在实践哲学方面，比较重视对现实生活的应付。王夫之把儒家实践观讲到了高峰，把经世致用讲透了。他们不反对明明白白地做人，也不反对堂堂正正地做人，但更看重轰轰烈烈地做事。

二、理事之辩

华严宗和禅宗虽都强调彼岸与此岸的整体性，但仍然没有肯定现实世界的真实性。他们只是靠近中国固有哲学“一个世界”的世界观，还不能算是完全意义上的回归者。真正的回归者是理学家。他们从儒家资源中寻绎出“天理”本体论理念，证明现实世界的真实性和唯一性，解构了“两个世界”的宗教世界观。“礼者，理也。”天理既是存在的本体论依据，也是价值的本体论依据。与“理”相对应的哲学范畴，叫做“事”，泛指人们所有的行为实践。“理”对应着“天”，“事”对应着“人”。理事之辩可以说是天人关系这一中国哲学基本问题的第三次变形。

理学家将玄学中的体用之辨提升为理事之辩，问题意识进一步深化。在玄学中，“体”仅对应着“天”，是一个关于存在的本体论范畴，玄学家提出“无”“有”“独化”等本体论理念，可以为存在提供终极依据，却不能为价值提供终极依据，因为没有为人指出一个终极追求的目标。“用”对应着“人”，指“体”在生活世界中的呈现。借助体用之辨，玄学家主观上想为名教提供理论支持，可是落空了。他们从道家那里找到的本体论观念，起不到支撑名教的作用。尽管大多数玄学家认同名教，可是，他们仅把名教置于“用”的层面，并没有完成对名教的本体论证明。在玄学家的本体论学说中，名教本身并不是“体”。他们不在儒学系统内寻找“体”，而到道家的自然学说中为名教找“体”。至于道家式的“体”如何转化为儒家式的“用”，玄学家无法解决这个问题。他们只是把“体”和“用”嫁接在一起，并没有真正把二者统一起来。他们的本体论学说过于抽象，也不能为人生提供价值担保，不能帮助人们搭建精神世界，不能指导人们安顿终极价值。玄学犹如彗星一般划过人们的精神世界，并没有掌控主流话语权，很快为佛教所取代。

鉴于玄学的理论思维教训，理学家不能再走援道入儒的老路，必须另辟蹊径，从儒家自身的资源中寻找本体论理念。他们找到的核心理念就是理，于是把体用之辨转换为理事之辩，完成对儒家伦理的本体论证明。同“体”相比，“理”不再是抽象本体，而是同儒家伦理紧密结为一体，有具体的内容。“理”有“应该”的意思，既可以作为关于存在的本体论范畴，也可以作为关于价值的本体论范畴，比抽象的“体”有更广泛的解释力。同“用”相比，“事”更贴近人的生活世界。凡是人所参与的活动，都可称为“事”。恪守纲常伦理规范当然属于“事”的范围，不过兹事体大，因为它就是“理”的直接体现。理学家主要关注理事之辩，但也未忽略体用之辨。他们强调体用内在的一致性，叫做“体用一源，显微无间”。在理学家那里，“理”属于“微”的本体层面，“事”属于“显”的现实层面，但二者不是对立的关系，而是统一的关系。人们在恪守儒家伦理的道德实践中，就可以获得对于“理”的本体论体验，不必再像玄学家那样，指望到山林中寻求本体论体验。在理学家那里，“理”主要是一个价值本体论范畴。“理”有“理所当然”的意思，可以为人们搭建精神世界提供必要的逻辑支点，帮助人们找到“安身立命之地”。一旦树立了“理”的本体论理念，就可以“心安理得”，就可以得到终极价值的安顿。通过对理事关系的本体论考察，理学家把恪守纲常伦理的道德实践，提升到精神生活的高度，终于为儒家思想体系找到了本体论依据。玄学家启动了儒学哲理化工程，到理学家这里，这项工程才算完成。理学家比经学家高明的地方在于，不再“就事论事”，而是以“理”论“事”。

理学家提出理事之辩，也是对佛道二教彼岸与此岸之辩的回应。华严宗已经以中国哲学的思维方式，把彼岸与此岸合为一体，形成“一即一切”的观念。那么，何谓“一”呢？佛教可以给出答案，理学家也可以给出答案。佛教的答案是个“空”字，而理学家的答案则是一个“理”字。理学家本体论意识的形成，显然受到华严宗“一”的观念的启发。他们借鉴佛教的理论思维成果，找到了讲儒家本体论的话语方式。

通过研讨理事关系问题，理学家突破宗教哲学话语，转向了人生哲学话语。玄学家讲出半政治哲学，把中国哲学向前推进一步；中国佛学家讲宗教哲学，又推进一步；理学家讲出人生哲学，再推进一步，达到了高峰。他们在精神生活领域中，用哲学理念取代宗教信条，改变了宗教在中国人精神世界中占主导地位的情形。中国之所以没有成为泰国、缅甸、柬埔寨那样的佛教国家，理学家居功至伟。他们对佛教超越本体论做出有力回应，找到儒家的精神超越路径，也就是内在超越的路径。华严宗的本体论虽肯定“理法界”的价值，但仍然肯定彼岸世界的价值；尽管没有否定“事法界”的存在，但毕竟否定了“事法界”的价值，也就是否定了生活世界的价值，以出世主义为价值导向。华严宗提出理事无碍说，缓解了“理”与“事”之间的紧张和对立，但没有从根本上扭转出世主义价值导向。理学家吸收华严宗理论思维成果，明确肯定理和事的真实性，终于完成从宗教哲学到人生哲学的转折、从佛教出世主义到儒家入世主义的转折。由于华严宗没有肯定生活世界的真实性，不可能消解此岸世界与彼岸世界的对立，仍旧秉承宗教世界观；理学家基于“理”的本体论，肯定现实世界的真实性，取消了彼岸世界，重申了“一个世界”的原则，所秉承的是哲学世界观。

理学家建构的“理”本体论，足以同佛教的“空”本体论相抗衡。理学家既肯定理与事的真实性和一致性，又强调二者之间的差异性。“理”属于“形而上”的层面，具有理想性、超越性，人们可以以此为根据，搭建价值的世界或意义的世界，设立终极的价值目标，追求完美的理想人格，化解不良情绪，净化心灵空间，找到一种精神生活方式。“理”是衡量人生价值的尺度，只有正价值，没有负价值。“事”属于“形而下”的层面，表现于人们的生活世界，具有现实性、内在性。“事”既有正价值，也有负价值。“事”符合“理”，有正价值，叫做“存天理”。“事”不符合“理”，只有负价值，被理学家称为“人欲”。“人欲”妨碍人们以“理”为价值追求的目标，是应当灭掉的消极因素。就这样，理学家以理想主义为价值导向，为人们提供了一种内在超越的精神安顿方式。这种方式有同佛教类似的安慰功能，有助于人们养成宁静、平和等心态，获得真诚、高尚的价值感。这种方式还有佛教所不具备的激励功能，鼓励人们自觉地接受“理”的约束，提升责任感和使命感，养成担当意识。“理”既可以“安身”，亦可以“立命”，却不会陷入虚无主义的误区，十分切合中国人的精神生活需要。理学行世后，佛教在精神生活中“治心”的位置被颠覆了，逐渐被挤到了后排。在精神生活领域，大多数中国人在选择超越的路径时，不再以佛教高僧为导师，而是以理学家为导师。大多数中国人不再选择佛教外在超越的路径，而选择理学内在超越的路径。

对于理事关系问题，理学家有三种不同的处理方式。一是秉持理在事先、亦在事中说，这是程朱理学一派的主张；二是秉持理在心中、亦在事中说，这是陆王心学一派的主张；三是秉持理在事中、事在理先说，这是张王气学一派的主张。

三、理在事先与理一分殊

理学一系由北宋程颢、程颐兄弟发其端，南宋朱熹集大成，统称为程朱理学。这一派的最大贡献在于提出天理观念，对释、道二教的本体论做出有力的回应，化超越本体为此在本体，重建“一个世界”的哲学世界观。

程朱理学接着华严宗“一即一切”的话头讲，但讲法却是儒家式的。二程认为，那个“一”，就是天理。他们不无自豪地宣称：“吾学虽有所受，天理二字却是自家体贴出来。”（《河南程氏外书》）卷十二）天理作为本体，既是存在的终极依据，也是价值的终极依据。从价值的意义上讲，“视听言动，非理不为，即是礼，礼即是理也”。（《河南程氏遗书》卷十五）他们提出天理观念，完成了对儒家伦理的本体论证明。他们既认为理在事先，又认为理在事中。

1. 理在事先

程朱理学认同“一个世界”的世界观，当然不会把天理置于另一个世界，但强调理对于事的先在性。他们说的“先”，不是方位意义上的先，也不是时间意义上的先，而是逻辑意义上的先。意思是说，天理只是一种解释存在和价值必不可少的预设或前提，而不是单独存在的实体。

在二程的视野中，“理”具有三层含义。一是指天理，也就是解释万物存在的逻辑前提。“天理云者，这一个道理，更有甚穷已？不为尧存，不为桀亡。人得之者，故大行不加，穷居不损。这上头怎生说得存亡加减？是他元无少欠，百理具备。”（《河南程氏遗书》卷二）天理作为本体，不生不灭，至高无上，不可再做追问。天理表征

"永恒""绝对"，具有形而上的性质。二程找到了天理，终于把儒家讲形而上学不到位的缺陷弥补上了。依据天理，足以在本体论层面同佛道二教进行对话，以儒家讲法解构佛道二教的本体论理念。佛教的本体论理念是"空"，道教的本体论理念是"玄"，都是对生活世界的否定；二程的本体论理念是"理"，则是对于生活世界的肯定。佛教认为，现实世界"无常"，因而是虚假的；二程认为，世界有"常"，这个"常"就是天理，因而生活世界是真实的。二是指物理，也就是指具体事物所依据的原理、原则。"天下物皆可以理照。有物必有则，一物须有一理。"（《河南程氏遗书》卷十八）每一种事物都依理而存在、而变化。在这个意义上，理带有"规律"的意思。三是指伦理，也就是指封建社会的道德规范。他们声称："父子君臣，天下之定理，无所逃于天地之间。"（《河南程氏遗书》卷五）二程认为物理、伦理都是天理的具体体现，分而为三，合而为一。这样，他们便将忠君、孝父等纲常观念提到普遍原理的高度，使之永恒化、绝对化，奠立了儒学价值本体论的根基。

朱熹进一步论证天理的在先性。他说："未有天地之先，毕竟也只是理。有此理便有此天地，若无此理，便亦无天地，无人无物。"（《朱子语类》卷一）在这里，他明确地规定了天理的至上性、超越性、终极性，以天理作为解释宇宙万物的本体论依据。他认为，理是天地万物生成的先决条件和当然基础，"天下之物，皆实理所为，故必得是理，然后有是物"。（《中庸章句》第二十五章）朱熹勾画的世界图景，是一个二重化的逻辑结构：一层是形而上的、抽象的理本体，另一层是形而下的、由事物组成的实际世界。理本体是实际世界的逻辑前提；实际世界是理本体的具体体现。朱熹这种二重化的哲学解释，不认同"两个世界"，只认同"世界只有一个"。他承认理在事先，但不排除理在事中。

2. 理一分殊

在程朱理学中，理在事先只是从逻辑的意义上说的；至于从事实的角度讲，他们不否认理在事中。逻辑上的“理在事先”，与事实上的“理在事中”，并不矛盾，因为天理不是单独存在的实体。不能把天理等同于柏拉图的理念，也不能等同于宗教家眼中的彼岸。因为世界只有一个，故而天理与世界同在。天理体现在具体事物之中，便不再与具体事物相外在，而转化为具体事物的本质规定，这就叫做“性即理也”。（《河南程氏遗书》卷二十二）所谓“性即理”，意味着理在事中。

关于理在事中，程朱理学的表述为“理一分殊”。程颐在《答杨时论西铭书》中写道：“《西铭》明理一而分殊，而墨氏则二本而无分。”（《程颐文集》卷五）又说：“万物皆是一理”，“一物之理即万物之理”。（《河南程氏遗书》卷二）人与天地万物构成一个有机的整体，天理就是这个整体的内在、普遍的联系。它既是一切存在物的终极依据，也是人文价值的终极依据。天理担保天人整体的统一性，故称“理一”；然而，天理在每个具体事物中的表现方式并不一样，以多种方式表现出来，故称“分殊”。程颐提出“理一分殊”说，把世界的统一性和多样性内在地结合在一起。

天理何以会“分殊”？这个问题在二程那里并没有得到解决，而在朱熹那里却得到了一种解释。朱熹依据理气不可分之说，认为天理必须借助“气”才能体现出来，而同其“气”结合在一起的“理”，当然有别于逻辑在先的天理，故而称其为“分殊之理”。换句话说，“气异”才是“理一分殊”的原因之所在。由于“气异”，使宇宙万物的多样性有了哲学依据；由于“理同”，使宇宙万物的同一性有了哲学依据。就宇宙万物来说，多样性与同一性是一体之两面。万物皆有所同，亦皆有所异，故而说“理一分殊”。他举例说：“如一所屋，只是一个道理，有厅有堂；如草木，只是一个道理，有桃有李；如这众人，只是一个道理，有张三李四，李四不可为张三，张三不可为李四。”（《朱子语类》卷六）“理一”是从“体”的角度说的，“分殊”是从“用”的角度说的。体离不开用，用也离不开体，故而说“理一分殊”。朱熹还用太极范畴说明“理一分殊”：“人人有一太极，物物有一太极。”“万个是一个，一个是万个。”（《朱子语类》卷九十四）“理一”属于共相，“分殊”属于殊相。二者没有先后之别，内在地统一在一起。

尽管程朱理学既承认理在事先，又承认理在事中，但仍有把理看成自在之物的嫌疑。自在之物何以能转化成为我之物？对于这个问题，程朱理学找不到合理的解释，必须跳出程朱理学的框架。于是，导引出陆王心学一派。在他们眼里，天理只是为我之物，并非自在之物。他们用“心即理”之说，取代了“性即理”的提法。

四、理在心中与事上磨练

心学一派由南宋陆九渊发其端，明代王阳明集大成，统称陆王心学。这一派的贡献在于：化超越本体为内在本体，提出“心”或“良知”的观念，把本体和主体合在一起讲。他们接着禅宗“佛在心中”的话头讲，结论却是儒家的“心外无理”。陆王只讲价值本体论，而把存在本体论搁置起来，存而不论。

陆王心学与程朱理学同为正统理学中的分支，并不构成两个根本对立的学派。二者之间有大同，也有小异。认同天理是两派的共识，至于天理究竟在天上，还是在心中，二者有分歧。陆九渊不像朱熹那样关注本体的此在性，而特别关注本体的内在性，特别重视本体的价值意义。从价值的视角看本体，不必以“理”为本体论核心范畴，而应以“心”为本体论核心范畴。他说：“上下四方曰宇，古往今来曰宙，宇宙便是吾心，吾心即是宇宙。千万世之前，有圣人出焉，同此心，同此理；千万世之后，有圣人出焉，同此心，同此理；东南西北海有圣人出焉，同此心，同此理也。”（《象山先生全集·杂说》）“宇宙便是吾心”明确地表示本体的内在性。不过，应当注意到，陆九渊在这里所说的“吾心”，不是认识论意义上的经验主体，而是价值论意义上的主体。他所的“吾心”，同“本心”是一个意思。本心表示一般，而不是个别，从这个意义上说，“心即理”。心作为理，具有普遍性，是群体价值共识的担保。

陆九渊认为朱熹的理本体论有两点硬伤：一是“支离”，细节问题关照得多，而忽略了“大本大源”；二是“务外”，对理的内在性认识不足。他虽然批评朱熹，但并没有否认理的至上性，只是把理的至上性统一到内在性之中了。陆九渊认为理不能脱离心单独存在。“道未有外乎其心者也。自‘可欲之善’，至于‘大而化之之为圣，圣而不可知之之为神’，皆吾心也。”（《敬斋记》）因此，为学之道并不是穷究外在的天理，而应当“发明本心”“先立乎其大”，把握内在本体，找到自我完善的内动力。如果把天理放在人心之外，固然可以树立价值追求的目标，但不能提供自我完善的动力。所以，不能设想天理在人心之外，只能设想天理在人心之中。顺着这个思路，他就开辟了正统理学的另一个方向——心学。

接着陆九渊的学脉讲，王阳明提出“心外无理，心外无物”之说。他所说的“物”，不是自然物，而是人所参与的“事”。“物犹事也。”“事”不属于存在论的话题，而属于价值论的话题。被赋予价值的世界，乃是人的精神（灵明）创造，不可能与心相外在；倘若离开了人的精神，价值无从谈起。正是在这个意义上，他才说：“盖天地万物与人原为一体，其发窍之最精处，是人心的一点灵明。风雨露雷、日月星辰、禽兽草木、山川木石，与人原只一体。故五谷禽兽之类皆可以养人，药石之类皆可以疗疾。只为同此一气，故能相通耳。”（《传习录》下）在价值的意义上，他把人和宇宙看成一个整体，而把人心看成这一整体的“发窍之最精处”。显然，王阳明十分重视主体性原则。不过，他眼中的主体，不是贝克莱式的经验主体，而是价值意义上的判断主体。

王阳明沿着“整体—主体—本体”的本体论理路，第一步把人与宇宙万物看作价值意义上整体，第二步把这一整体归结为价值判断的主体——人，第三步则从对人的考量中提升出价值本体——良知。他说：“夫人者，天地之心，天地万物本吾一体者也。生民之困苦荼毒，孰非疾痛之切于吾身者乎？不知吾身之疾痛，无是非之心者也。是非之心，不虑而知，不学而能，所谓良知也。良知之在人心，无间于圣愚，天下古今所同也。”（《王阳明全书》卷二）在孟子哲学中，良知指先验的道德观念；而在王阳明哲学中，则属价值本体论范畴。

在陆王心学中，理在心中也就意味着理在事中。王阳明主张知行合一，认为“行即学”，强调“尽天下之学，无有不行而可以言学者”（《传习录中》），“若离了事物为学，却是著空”。（《传习录下》）他提出的知行合一论，既有先验论的倾向，也有经验论的倾向，理论重心还是放在行这一方面。他在儒家思想的范围内，化解了先验论和经验论之间的紧张。他十分看重行，主张“在事上磨练”。王阳明对“行”的重视程度超过了朱熹。朱熹基本上是一个学问家，虽作过几年地方官，但政绩平平；王阳明不但是一位学问家，而且是一位经邦治国的干才。

王阳明强调道德实践的自觉性，有力地突显出儒家哲学的内在性品格，成功地将禅宗的佛性修养理论，改造为儒家的心性修养理论。他把儒家人生观讲到了高峰，把儒家的内在性诉求讲透了。在人学方面，他既主张明明白白地做人，更主张堂堂正正地做人。经过王阳明的阐发，儒学不仅能发挥“治国平天下”的政治哲学功能，而且能发挥“安身立命”的人生哲学功能，从而为普通民众提供了一种精神生活方式。王学问世以后，儒学不再是文化精英的专利，而变成一种大众文化。在王学的受众中，不乏王艮这样劳动者出身的人。儒学终于走出了庙堂，走进了民间。明代后期，心学盛行一时，对于纠正程朱理学的僵化倾向、促进思想解放，发挥了一定的积极作用。

王学以心为本体，强调理与事的一致性，不再以先后解释理事关系，但是尚未把务虚与务实统一起来。到王阳明后学那里，重视务虚疏于务实的倾向相当严重，以至于到了空谈性命的地步。儒学固然讲究穷理尽性，但也讲究经世致用。正统理学家过分重视前者，而忽视了后者。非正统理学家纠正他们的偏颇，对于理事之辩有独到的见解。

五、 理在气中与事在理先

气学由北宋张载发其端，明清之际王夫之集大成，统称为张王气学。他们继承中国传统哲学有关“气”的思想，以“气”为最高范畴建立本体论学说，将气视为事物之间的普遍联系。他们比正统理学家更为彻底地扬弃超越本体论，对正统理学家的理事观也有所批评。

张载把道教的“太虚”范畴引入儒学，对它加以改造，赋予其新的理论含义。他把“太虚”与“气”联系在一起，提出“太虚即气”的儒家本体论学说。“太虚即气”主要有两层含义：一是说广大无垠的宇宙虚空充满了气，“气块然太虚，”（《正蒙·太和》）不存在脱离了气的虚空；二是说太虚是气的本然状态，“太虚无形，气之本体。”（《正蒙·太和》）当气处在散而未聚的本然状态时，无形无象，“至静无感”“清通不可象”。“太虚”就是易传说的“太和”。“太虚”的实质是气，气的本然状态是“太虚”，二者不可分离：“太虚不能无气”，气“不能不散而为太虚”。（《正蒙·太和》）这种太虚之气，就是宇宙万物的本体，用它足以解释世界，足以推翻超越本体，足以证明宇宙万物的真实性，足以消解根本就不存在的彼岸世界。至于太虚与万物的关系，张载则用气之聚散来解释：气聚显现为万物，气散复归于太虚。“太虚无形，气之本体，其聚其散，变化之客形尔。”（《正蒙·太和》）具体存在物都是由太虚之气转化而来，有生有灭，处在暂时的存在状态；而太虚之气作为本体，则无生无灭，处在永恒的存在状态。这样，他就通过强调气的至上性、唯一性、无限性和永恒性，把佛道二教“两个世界”的世界观解构了，坚持了“世界只有一个”的哲学立场。

针对朱熹“理在气先”说，王夫之指出，“气”是本体，并不是“理”的附庸，不存在孰先孰后的问题。“理，即是气之理；气当得如此，便是理。理不先，而气不后。……若论气，本然之体，则未有几时，故有诚也。……惟本有此一实之体，自然成理。”（《读四书大全说》）他不认同理的本体性，强调气是唯一的本体，强调“气外更无虚托孤立之理”。王夫之也不认同陆王“心外无物”说。他指出，理和心都不是本体；倘若离开了气，既谈不上理，也谈不上心。气化流行，化生万物，同心没有关系。气作为本体，不可能在人心之内，只能在人心之外；物作为气的表象，当然也在人心之外。王夫之认同气本体论，不过，他没有像张载那样看重气的本然状态，而特别看重气的现存状态，用“天下惟器”说取代了“太虚即气”说。

从“天下惟器”说出发，王夫之把理事关系问题转换成道器关系问题，强调事在理先，器在道先。所谓“器”，是指气具体化之后形成的各种事物。他用一个“惟”字，排除了理对于事的在先性，排除了道对于器的在先性。在他看来，抽象的道或理，只能借助于具体的事物表现出来。他说："道者，物所众著而共由也。物之所著，惟其有可见之实也。物之所由，惟其有可循之恒也。既盈两间而无不可见，盈两间而无不可循，故盈两间皆道也。"（《周易外传》卷五）道体现在器中，体现在物中，并不是单独的存在物，"无其器则无其道"。（《周易外传》卷五）他举例说，没有弓箭，也就没有射箭之道；没有马车，就没有驾车之道；没有礼器和乐器，就没有礼乐之道；没有儿子，就没有父道；没有弟弟，就没有兄道。总而言之，器物皆由阴阳二气凝聚而成，而"道"则存在于器物之中。"统一此物，形而上则谓之道，形而下则谓之器，无非一阴一阳之和而成，尽器则道在其中矣。"（《思问录·内篇》）他由此得出结论："据器而道存，离器而道毁。"（《思问录·内篇》）王夫之反对朱熹对道器作的"形而上"与"形而下"的划分。他对《易传》中的"形而上者谓之道，形而下者谓之器"的新解是："上下无殊畛，道器无易体。"（《思问录·内篇》）"形上"与"形下"，其实都是相对于"形"或"器"而言的，界限是相对的，二者之间没有不可逾越的鸿沟。倘若离开了"形"或"器"，既无所谓"上"，也无所谓"下"。他真正把气本体论讲到了实处，彰显了儒学的实践哲学特色。

气学一派没有把理论重心放在人生哲学方面，不太重视精神生活的安顿；而是放在实践哲学方面，比较重视对现实生活的应付。王夫之把儒家实践观讲到了高峰，把经世致用的诉求讲透了。在整个宋明理学思潮中，气学一派虽不占正统地位，但有独特的理论贡献。他们不反对明明白白地做人，也不反对堂堂正正地做人，但更看重踏踏实实地做事。他们很想做一番事业，遗憾的是，由于处在非正统的位置，他们得不到这样的机会。

六、“内在超越”诉求

理学家立足于生活世界搭建精神世界、信仰的世界、意义的世界、价值的世界，以此为安身立命之地，找到了一种中国人特有的精神生活方式，即哲学式的、内在超越的精神生活方式，有别于宗教式的、外在超越的精神生活方式。

程朱理学的价值诉求是“理得”。他们借鉴华严宗的理论思维成果，讲出儒家式的精神寄托之所。他们以天理为安身立命之地，以天理信念取代彼岸信仰。在“理一分殊”命题中，“理一”是超越的，而“分殊”则是内在的。他们化超越为内在，找到了“理得”的路径。他们突破了经学家的政治哲学话语系统，采用人生哲学话语讲儒学。他们把儒家的世界观讲到了高峰，把儒家的超越性诉求讲透了。

陆王心学的价值诉求是“心安”。他们借鉴禅宗的理论思维成果，讲出儒家式的达到超越的内在根据，以“本心”或“良知”为安身立命之地。他们“发明本心”“拔本塞源”，倡导“致良知之教”，推崇“天下如一家，中国如一人”的儒者情怀。“本心”或“良知”是内在的，然而对于“小我”来说却是超越的。他们化内在为超越，找到了“心安”的路径。程朱理学家讲究超越而内在，陆王心学讲究内在而超越，其实殊途同归。两种说法互相补充，合在一起，就叫做“心安理得”。

张载气学的价值诉求是“无愧”。张载提出二重人性论，认为每个人都具有普遍的善性，叫做“天地之性”；人出生以后，由于禀气不同和环境习染不同，每个人又有其特殊的、具体的人性，叫做“气质之性”。前者是超越的儒者情怀，后者是修身的内在起点。“形而后有气质之性，善反之则天地之性存焉。”（《正蒙·诚明》）只要努力

"变化气质"，任何人都可以达到天人合一的超越境界，成为"仰无愧于天地，俯无怍于父母"的圣人。

张载对儒释道资源加以整合，树立起儒者应有的生死观。他在《西铭》中说："存，吾顺事；没，吾宁也。"这可以说是中国哲学视阈中健全心态的写照。他所说的"事"，就是干事，涵摄儒家"拿得起"的趣旨；他所说的"顺"，是指化逆为顺，涵摄道家"想得开"的趣旨；他所说的"宁"就是无所求、无愧疚，涵摄佛教"放得下"的趣旨。他提出的四句教是："为天地立心，为生民立命，为往圣继绝学，为万世开太平。"（《张载集·张子语录》）他在整合三教的基础上，搭建起儒家的价值世界。

总之，内在超越是宋明理学家的共同诉求。由于他们的努力，哲学的势头终于盖过了宗教。宋代以后，宗教不再掌控主流话语，理学取而代之，使"以理学代宗教"成为现实。由于受到宋明理学的影响，大多数中国人都选择了非宗教式的精神生活方式。中国之没有成为宗教国家，宋明理学家功不可没。他们把内在超越的哲学精神讲透了，标志着中国传统哲学发展到了最高峰。

七、问答互动

问：宋老师，您刚才讲做人的责任和明白地做人，也属于理事关系的范围。那么，是否可以说理事关系就是人生哲学的基础呢？宋明理学重视修身达道，这同儒家的内圣外王是不是有一定的关系呢？是否有一定的区别呢？宋明理学讲的修身达道同内圣外王在人生哲学上有没有界分呢？谢谢！

答：宋明理学中的理事关系问题，可以说是人生哲学的一个主要问题、基本问题。人生就是人事，倘若没事，你怎么算人生在世呢？

人死了，也就不能干事了；干事的时候，人肯定活着。人在活着的时候干事，就得有所遵循，那就是理。凡是合理的事，就是有价值的事；凡是不合理的事，就是没有价值的事。理事关系问题可以说是人生哲学中的一个主要问题、基本问题，但不能说它是哲学基础。哲学基础可以有多种选择，你可以以理为基础，也可以以心为基础，还可以以气为基础。

至于你讲到的内圣外王这个问题，并不是宋明理学家的讲法。理学家在讲内圣的时候，并不同外王相联系。他们的讲法是：内圣就是内圣，人只要追求内圣，就足够了。对于任何人来说，内圣都可以作为追求的目标，“求则得之”；至于外王，并不是每个人都能够追求并且得到的价值目标。外王跟内圣没什么关系，你修成了内圣，未必就是外王，“德”跟“位”没有必然联系。王阳明有一个很妙的比喻：内圣好比是金子的成色，你到底属于多少“K”、几个“9”，这个很重要。至于外王，有如金子的分量，对于修成内圣与否无关。王阳明以“分量”比喻人在社会上的位分，把“德”与“位”区分开来。按照王阳明的说法，你可能修成内圣，但你仍然就是一个普通的百姓，但这并不影响你的圣人人格。从这一观点看，“满街都是圣人”，但不能说“满街都是外王”。王阳明已经不把内圣和外王相联系。人能追求的，只是内圣，外王你求不到。你怎么能够设想：我在社会上充当什么角色、占据什么位分呢？理学家着重讲价值世界如何安顿的问题，讲内心世界如何优化的问题，并不讨论内圣与外王的关系问题。程朱理学不谈这个话题，陆王心学也不谈这个话题。把内圣外王看成儒家的基本诉求，其实是一个误解，因为内圣外王之说出于庄子，并不是儒家的话语。

问：宋先生，您好！我有一个问题，对“心外无理，心外无事”还有一些疑惑。您讲“心外无价值之理”时，让我想起了山中花开花落的例子。我想，山中花开花落与人们关系不太大。假如它是成熟的稻谷，长在田里，我即使没有看到，它也是有价值的。我没有看到，可能有别人看到。它可能对我没有价值，不等于对别人也没有价值。如果我是做官的，稻谷的价值不大，而对农民来说，价值极高。对于这种情况，心学是怎么处理的呢？

答：这个问题很好回答，因为价值之理、价值判断必须预设有一个价值主体。没有价值主体，就谈不上价值判断。王阳明没有把山花跟人的存在与否相联系，只是说花的美丽靓丽出于人的判断。你说那个稻谷，当官的人可能不太看重，而农民则看得很重，这正说明价值主体因人而异，没有一个抽象的价值主体。价值判断是客体对于主体的有用性，主体不一样，做出的价值判断自然也就不同。按照庄子的说法，价值判断的主体性，也可以说就是相对性。到底什么是最好的居住之地呢？是猴子知道呢，还是人知道？或者泥鳅知道？泥鳅认为最佳的住处就是烂泥塘，而人在烂泥塘里会得关节炎。猴子认为在树上住最好、最安全，人在树上提心吊胆。王阳明的“心外无理”说，可以说把价值判断的主体性原则讲透了。我们讲到宋明理学，也就达到了中国哲学的最高峰。最高峰那就是最后阶段了嘛，该说的话就说完了，就此打住。

后　记

2011年，我有幸登上一个特殊的讲台。这个讲台设在“没有围墙的大学”里，主讲人不必同学生面对面，只需借助音频和视频手段，同网友交流。这就是中国大学视频公开课。

为了录制视频公开课，我做了非常认真的准备。我讲的课，最初设计为6节，每节课50分钟左右。7月下旬暑假期间，学校的网络学院通知我到录像厅录制。为了形成课堂效果，请来30多位同学，把录像厅的座位坐满，配合我录制。在录制前，录像师为我做了简单的化妆，便“粉墨登场”了。在这种场合，与其说是讲课，不如说是表演。我既要讲清楚内容，掌握好进度，也要注意自己的表情，还得适当运用一点肢体语言。虽然有讲稿，但不能低头看，得完全凭记忆用口语流利表达。每节课结束前，有对话环节，要现场回答同学提问。同学提什么问题，事先没有设计；对于同学提出的问题，我事先自然没有准备，全凭现场发挥。6节课要在一天内全部完成。上午录制3节，下午录制3节，都需站着讲。我使出浑身解数，力求把每节课讲好。在录像师和在场同学的共同努力下，录制进行得很顺利，一次通过，没有返工。这一天下来，我真的很累。幸亏我平时注意锻炼身体，否则会吃不消的。

11月9日，我主讲的视频公开课“薪火传承：中国传统哲学通论”第1至3讲，被列入第一批，在网易、爱课程、中国网络电视台同时上线播出，在网民中引起很大反响，点击率比较高。不久，第4至6讲也接着播出。

大概是教务处对我主讲的课程比较满意，希望我再增加6节课，使内容更丰富一些。我接受了这个任务，准备再录制6节课。已上线的1至6节从哲学精神、宇宙论、本体论、方法论、知行观、价值观等六个角度，已经对中国传统哲学做了全方位的论述，不可能按照这个思路再讲下去，必须换个思路，并且必须同前6节相衔接。我想了许久，终于找到“接着视角讲思潮”的路径。后6节录制完成后，顺利通过审查，很快也上线播出。

2015年2月，李喆同志通过邮箱把这12节视频公开课的“唱词”发给我，建议我在“唱词”的基础上整理成书。我接受她的建议，遂有本书问世。本书的内容同我主讲的视频公开课一致，但表达方式不一样。把公开课上的口语方式表达，转换成文字表达方式，必须做较大的修改。在整理过程中，我对“唱词”中表达不到位的地方做了补充，力求把道理说得更透彻一些；对不准确的地方做了更正；对口误之处做了修改。

十分感谢李喆同志，没有她的帮助，本书不会得到出版的机会。她对本书做了认真的编辑加工，使之增色不少。

如果说本书还有可读之处的话，那就是我表述的内容，都是我用四十年多年时间摸索到的心得，不傍依任何人，绝不跟风。一家之言，能否站得住脚，敬请读者评判。无论表示认同，还是提出批评，我都由衷地感谢你！

宋志明

2015年4月记于中国人民大学

宜园2楼思灵善斋